49208

CONSIDÉRATIONS GÉNÉRALES

SUR

L'IDÉE ET LE DÉVELOPPEMENT HISTORIQUE

DE LA

PHILOSOPHIE CHRÉTIENNE.

PARIS. — IMPRIMERIE DE MARC DUCLOUX ET COMPAGNIE,
rue Saint-Benoît, 7.

CONSIDÉRATIONS GÉNÉRALES

SUR

L'IDÉE ET LE DÉVELOPPEMENT HISTORIQUE

DE LA

PHILOSOPHIE CHRÉTIENNE,

PAR

LE Dr HENRI RITTER,

PROFESSEUR A L'UNIVERSITÉ DE GOETTINGUE;

TRADUIT DE L'ALLEMAND,

PAR

MICHEL NICOLAS.

————— ++▶▶▶€€◀◀◀ —————

PARIS

LIBRAIRIE DE MARC DUCLOUX, ÉDITEUR,

RUE TRONCHET, 2.

——

1851

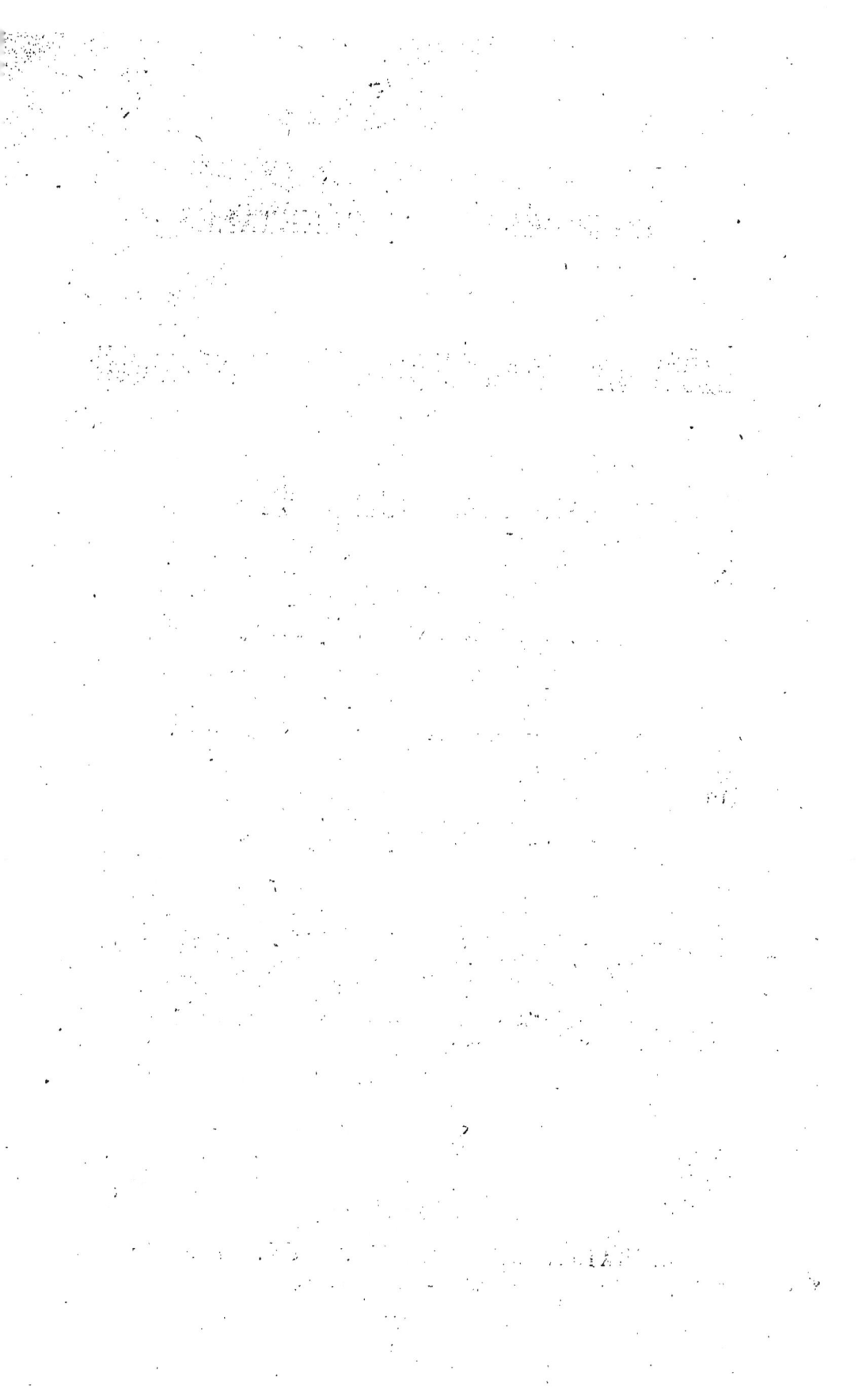

PRÉFACE DU TRADUCTEUR.

L'écrit dont nous publions ici la traduction[1], peut être regardé comme une esquisse rapide, mais profonde, de l'histoire de la philosophie qui s'est produite depuis le commencement de l'ère chrétienne, et en général sous l'influence du christianisme. Cependant, ce n'est pas seulement parce qu'en un petit nombre de pages, il renferme une foule d'idées importantes et capables de servir de fil conducteur à celui qui étudie cette partie de l'histoire de la philosophie, que nous avons cru voir quelque utilité à le faire passer dans notre langue; c'est encore et surtout parce qu'il peut présenter à la philosophie française actuelle l'enseignement qui lui est le plus nécessaire en ce moment, en lui faisant sentir la stérilité de son point de vue, et en lui

---

[1] Cet écrit a paru en 1833, dans les *Etudes et Critiques théologiques* (Theolog. Studien und Kritiken) de MM. Ullmann et Umbreit. L'Introduction, qui s'adressait spécialement au public allemand, a été remplacée, dans notre traduction, par quelques considérations plus générales que M. Ritter a bien voulu nous envoyer dans ce but. Nous en avons cependant conservé une grande partie, que nous avons placée parmi les notes dont nous avons fait suivre ce traité. Ces notes, destinées à expliquer des points difficiles ou contestés, sont, en général, extraites d'un second écrit de M. Ritter sur le même sujet, écrit publié en 1847, dans le même recueil que celui dont nous donnons ici la traduction, et dirigé contre des articles de M. Baur sur ce traité. (Ces articles se trouvent dans le *Theol. Jahrb.* de ZELLER, 1846, I^e et IIe livr.)

ouvrant un horizon plus étendu que celui dans lequel on dirait qu'elle veut à jamais s'enfermer.

Dans ce traité, M. Ritter prouve d'une manière évidente que la philosophie qui s'est développée depuis l'établissement du christianisme dans le monde, après avoir parcouru deux phases de son développement, est arrivée, en Allemagne, avec Kant, à une phase nouvelle, conséquence et conciliation des deux précédentes. Si l'on compare les deux philosophies qui ont régné successivement au milieu des peuples chrétiens, la scolastique au moyen âge et celle qui se forma après l'époque de la renaissance des lettres en Occident, avec la philosophie qui s'est produite depuis environ soixante ans de l'autre côté du Rhin, on ne pourra méconnaître la supériorité de celle-ci sur celles-là, supériorité qui consiste principalement en ce que l'une tient compte à un égal degré de tous les éléments constitutifs de la nature humaine, tandis que chacune des deux autres, ne s'appuyant que sur un seul de ces éléments, ou sur un seul groupe de ces éléments, est exclusive dans sa tendance, partielle dans son point de vue, incomplète dans ses doctrines, et incapable par cela même de répondre à tous les besoins de la raison. Tandis qu'en Allemagne on s'est élevé à un point de vue mieux en rapport avec la culture actuelle, et supérieur aux points de vue bornés des deux périodes précédentes, en France les philosophies de ces deux périodes se sont maintenues l'une vis-à-vis de l'autre. Il n'est pas difficile en effet de voir que tous les systèmes qui, sous des formes plus ou moins diverses, ont cours parmi nous, peuvent se ranger en deux grandes classes. Les uns ne sont que la continuation de la scolastique, les autres se rattachent aux principes qui se sont établis depuis le seizième siècle au sein des peuples modernes. Les uns relèvent des grands docteurs du treizième siècle dont ils ont gardé la tendance théologique, la méthode *à priori*, les formes de raisonnement, la répulsion pour les recherches empiriques et critiques, et même, autant qu'ils le peuvent, la langue et le style; les autres relèvent de Bacon et de Descartes dont ils ont conservé la tendance à l'étude du phénoménal, la méthode d'observation, la prédilection pour les sciences naturelles et historiques, et jusqu'à l'art d'écrire. Nous en sommes ainsi en France, les uns à une manière de penser qui a été le produit de la culture générale du moyen âge, et les autres à une manière de penser qui a été essentiellement celle du dix-septième et du dix-huitième siècle.

Quoique les préjugés nationaux n'aient plus au milieu de nous la même puissance qu'autrefois, ils en ont encore assez pour nous inspirer une certaine répugnance à reconnaître à un peuple étranger la gloire d'avoir introduit la philosophie dans une nouvelle phase de développement. La patrie des Abélard et des Descartes a eu si longtemps, nous pouvons presque dire, le monopole de la philosophie, qu'elle ne peut voir, sans étonnement et sans quelque incrédulité, la vie de la pensée l'abandonner pour passer au sein d'une autre nation. Nous laissons à M. Ritter le soin de la convaincre ; tout ce que nous nous proposons ici, c'est d'indiquer les causes qui ont empêché en France la naissance de cette philosophie nouvelle, causes qui existent encore et qui retarderont, peut-être même pendant longtemps, l'introduction de cette tendance nouvelle dans la philosophie française.

Tandis qu'à la fin du siècle dernier, l'Allemagne, libre de tout engagement avec les philosophies antérieures, et poussée à une conception rationnelle de ses propres idées par le grand mouvement littéraire qui lui donnait une existence nouvelle, pouvait s'élever, sans de sérieux obstacles, au-dessus des tendances des deux périodes précédentes, en France les esprits étaient liés par des systèmes déjà établis avec lesquels il était d'autant plus difficile de rompre qu'ils avaient pris une grande place dans tout ce qui forme la vie d'une nation. Cet état de choses n'a pas sensiblement changé depuis ce moment. La scolastique, formée dans les écoles de Paris, s'est incorporée depuis des siècles à une partie des éléments de la vie publique et privée. En outre de la religion, presque toutes les institutions de la monarchie française étaient plus ou moins empreintes de son esprit. Quelques larges brèches que la révolution ait fait à l'ancienne organisation politique, elle ne l'a pas détruite entièrement ; les traditions historiques d'un grand peuple ne peuvent pas disparaître complétement, et tout ce qui en est resté dans notre organisation actuelle nous rattache, que

nous en ayons conscience ou non, aux principes philosophiques du moyen âge. D'un autre côté, la tendance
philosophique qui s'est développée depuis l'époque de la
renaissance des lettres et qui est dans une entière opposition avec la scolastique, a jeté ses plus profondes
racines dans l'esprit français. Tout ce qui, dans notre
organisation politique, dérive de la révolution a été établi sous son inspiration; c'est sous son influence directe
qu'est née et qu'a grandi notre littérature qui, à son
tour, en transmet continuellement les principes aux gé-
nérations nouvelles. Ainsi les deux choses qui agissent
le plus sur la formation de l'esprit et du cœur, la religion et la littérature, prêchent en France des doctrines
tout à fait opposées et propagent au milieu de nous,
l'une, la religion, les principes de la culture générale
du moyen âge, l'autre, la littérature, les principes opposés qui se sont développés dans le monde savant depuis le seizième siècle.

Soutenues par ces deux puissances, ces deux manières de penser continuent de se maintenir, même après
avoir perdu tout principe de vie et de développement : et,
comme chacune d'elles est liée à des intérêts positifs,
elles créent en France deux partis contraires et ennemis,
nous pouvons même dire, sans exagération, deux nations différentes qui n'ont rien de commun, ni en religion, ni en politique, ni par rapport à l'art, ni dans la
culture intellectuelle, ni même en partie jusque dans la
manière d'entendre et d'expliquer les notions morales

au point de vue théorique, et de les appliquer au point de vue pratique dans les affaires ordinaires de la vie. Quiconque, par naissance ou par position, trouve quelque avantage à conserver ce qui reste encore de l'édifice social du moyen âge, et même à reconstruire les parties qui en ont été détruites, se rattache, qu'il le sache ou non, à la tendance et aux principes de la philosophie scolastique. D'un autre côté, la bourgeoisie, qui a triomphé avec la philosophie empirique, et qui doit son entière indépendance à ses maximes et sa richesse à ses découvertes de tous genres, lui est attachée par des nœuds indissolubles et fait cause commune avec elle, en même temps que cette philosophie est restée la tradition intellectuelle de presque tous ceux qui cultivent les lettres et les sciences.

Ces deux systèmes empruntent une apparence de vie à leur opposition mutuelle. Les idées ultra-conservatrices, inspiration de la philosophie scolastique, n'ont pas été une seule fois au pouvoir, sans que les idées libérales, fruits de la philosophie du dix-septième et du dix-huitième siècle, n'aient aussitôt repris une nouvelle vigueur. Le *Globe*, sous la Restauration, et, en ce moment, *La liberté de penser* en sont, entre beaucoup d'autres, des preuves évidentes. Depuis longtemps, l'histoire de notre pays n'est pas autre chose que l'histoire de cette lutte impuissante et sans cesse renaissante.

Il a été fait cependant, en France, une tentative pour s'élever au-dessus de ces deux points de vue également

exclusifs. Nous voulons parler de l'éclectisme qui a essayé pendant un moment d'entraîner les esprits dans
une sphère plus haute, et de compléter, l'une par l'autre, les deux tendances opposées, en les unissant dans
une tendance synthétique. Il y avait dans cette entreprise une idée heureuse ; il était possible de la féconder
et de lui faire produire d'importantes conséquences.
Mais elle fut étouffée presque au moment qui la vit naître, soit que les oppositions qu'elle rencontra aient ar-
rêté son développement, soit que ceux qui auraient dû
la défendre, trop pénétrés de la funeste prudence tant
recommandée par Descartes, aient décliné le combat.
Nous ne nous faisons illusion ni sur la valeur de cette
espèce de philosophie, ni sur les fautes de ses partisans.
Il est possible qu'en commençant par l'histoire, elle se
soit privée de la plus grande partie de ses forces ; au
point de vue de la logique, il aurait mieux valu débu-
ter par une critique de la faculté de connaître, comme
a fait Kant, et n'invoquer l'histoire que pour confirmer
les résultats donnés par ce travail. Et cependant, il ne
nous est pas démontré que, dans l'état où se trouvaient
en France les esprits il y a une trentaine d'années, il
y eût eu quelque avantage à attaquer la question de
front ; et peut-être la voie historique, choisie par l'éclectisme, précisément parce qu'elle était moins directe,
pouvait conduire plus sûrement au but ; elle ne pouvait,
sans aucun doute, tenir lieu d'une critique de la faculté
de connaître ; mais elle amenait à en sentir le besoin, et

elle mettait les esprits en mesure de la désirer d'abord et plus tard de l'accepter, quand elle aurait été entreprise. D'un autre côté, on ne peut se dissimuler que les partisans de cette tendance nouvelle ont reculé devant leurs propres principes, qu'ils n'ont pas osé les pousser dans toutes leurs conséquences, qu'ils n'ont pas même eu la hardiesse de les faire connaître pour ce qu'ils sont réellement. Mais s'il y a eu des fautes commises, fautes peut-être inévitables, elles n'excusent pas les attaques dirigées contre cette philosophie par des hommes qui se vantent d'être des amis du progrès. Comment n'ont-ils pas vus tous les résultats contenus dans les données premières de l'éclectisme, quelque incomplètes que ces données premières aient pu être d'abord? S'il manquait à ce système la confiance en lui-même sans laquelle aucune idée ne fait son chemin dans le monde, pourquoi ne la lui ont-ils pas donnée, au lieu de le combattre? Pourquoi ne l'ont-ils pas arraché du terrain officiel sur lequel les circonstances l'entraînèrent après 1830, et où il n'avait plus de liberté d'action, pour lui rendre l'indépendance nécessaire à toute théorie nouvelle? Les attaques simultanées dont il fut assailli à la fois et par les défenseurs de la philosophie du moyen âge et par les disciples de la philosophie du dix-septième et du dix-huitième siècle, ne suffiraient-elles pas pour leur montrer qu'il contenait du moins les germes d'une manière de penser plus large et plus compréhensive en même temps que les principes de la philosophie de l'avenir?

Cet essai a échoué : peut-on espérer d'en voir tenter un second ?

Les circonstances semblent peu favorables au paisible travail de la pensée. Les grands et rapides mouvements qui nous poussent vers des champs encore inconnus remplissent les esprits d'appréhension, font donner aux choses extérieures une importance exagérée, et ne permettent guère à la pensée de se replier silencieusement sur elle-même. Il n'est pas rare, il est vrai, de voir surgir de grandes et imposantes idées du sein des agitations violentes et répétées ; mais ce n'est que quand ces agitations sont produites par l'enfantement de ces idées qui cherchent à passer des profondeurs de la conscience, où elles étaient contenues, dans le monde des faits où elles doivent régner. Autant qu'il nous est possible de comprendre notre époque, il ne se passe encore aujourd'hui rien de semblable ; quelque loin qu'on regarde à l'horizon du monde des intelligences, on ne voit se lever aucune idée nouvelle. Nos luttes intestines ne semblent que l'aveugle combat de deux principes également incomplets, également épuisés, également stériles, combat qui, pour le moment, ne pourrait avoir qu'une victoire dangereuse et funeste, même au parti vainqueur, et auquel on ne peut désirer d'autre issue que la chute simultanée des deux adversaires.

Les considérations que nous venons de présenter suffisent, ce nous semble, pour expliquer pourquoi le mouvement philosophique qui, depuis la fin du siècle dernier, se fait sentir en Allemagne, n'a pu réussir au milieu de nous, et elles nous laissent peu d'espoir de le voir, de longtemps peut-être, entraîner la philosophie française dans la voie qu'il s'est ouverte. Dans cet état de choses, il ne reste à quiconque aime la vérité pour elle-même, et est dégagé de tout intérêt de parti, qu'à travailler en vue d'un avenir plus ou moins prochain, et qu'à préparer en France l'avénement de la tendance plus complète qui a déjà triomphé dans la philosophie allemande. Sous ce rapport, la première chose à faire, c'est de tenir plus de compte de cette philosophie qu'on ne l'a fait jusqu'ici au milieu de nous[1]. Engagée dans une route plus large que celle qu'a parcourue la philosophie française, placée à un point de vue plus élevé à la fois que celui de la scolastique et que celui des systèmes empiriques issus de la méthode de Bacon et de Descartes, disposée à accepter également ce que les deux tendances précédentes avaient de légitime, et à ne négliger aucun des éléments constitutifs de la raison, elle a apporté à l'étude des grandes questions philosophiques une impartialité encore inconnue, et elle a soumis à son analyse les idées théologiques, sans laisser de côté, avec les scolastiques, la considération du monde phéno-

---

[1] Il y a cependant, sous ce rapport, un remarquable progrès. Pour se faire une idée de la manière dont on comprenait et dont on appréciait, en France, il n'y a pas encore trente ans, la philosophie allemande, il faut lire une note de M. Daunou sur Kant, dans les *Œuvres de Boileau*, Paris, 1826, t. III, p. 123-126. Cette note doit rester dans l'histoire de la philosophie.

ménal, et les phénomènes de la nature, sans rompre, comme les cartésiens, les liens qui les rattachent au suprasensible. Tandis qu'en France les scolastiques nient la science, et les philosophes empiriques la religion, elle cherche à unir la religion à la science, et elle aspire à une science qui remonte au premier principe des choses et à une religion qui se comprenne elle-même dans la science. Hâtons-nous de faire remarquer que le travail qu'elle a entrepris dans ce sens n'a rien de commun avec les absurdes élucubrations de certains écrivains français, qui s'imaginent réconcilier la religion et la science en entourant la théologie du moyen âge de quelques termes vides et creux empruntés au langage philosophique. Nous aurions déjà beaucoup gagné à l'étude des grands systèmes de l'Allemagne, si cette étude parvenait seulement à nous débarrasser, d'un côté, de la fausse circonspection avec laquelle le cartésianisme affecte de se tenir en dehors des questions religieuses et, de l'autre, des préjugés surannés avec lesquels la scolastique s'obstine à confondre une forme très imparfaite du christianisme non-seulement avec le christianisme lui-même, mais encore avec la religion en général. Le plus grand mal que la France doit à ses antécédents théologiques et à ses antécédents philosophiques, c'est de n'avoir pas et de n'être pas même en position d'avoir une science religieuse et une religion en rapport avec la science.

Quand nous parlons d'une étude de la philosophie

allemande, il ne s'agit nullement d'une importation pure et simple de cette philosophie au milieu de nous. Cette importation ne nous semble ni utile ni même possible. Chaque philosophie est nécessairement empreinte du génie individuel de la nation au sein de laquelle elle se produit; cela est vrai surtout de la philosophie allemande actuelle. Le génie particulier de la nation française diffère en trop de points du génie allemand pour que nous puissions nous approprier ses conceptions sans leur faire subir d'abord une transformation nécessaire. Elles resteraient au milieu de nous comme des systèmes étrangers, sans rapport avec notre individualité, et incapables d'exercer quelque action puissante sur les esprits[1]. Nous proposons seulement leur étude comme un moyen de nous faire sentir l'insuffisance et les défauts des tendances qui règnent encore en France, de nous mettre en état de nous mieux comprendre nous-mêmes, si nous pouvons ainsi dire, et d'arriver plus vite à la conscience de nos propres besoins intellectuels et moraux, en un mot, comme un moyen de nous délivrer des barrières dans lesquelles nous sommes enfermés, d'agrandir notre point de vue et de nous élever au-dessus de nos préjugés. Il nous semble que la connaissance des systèmes allemands pourrait produire aujourd'hui parmi nous un effet analogue, quoique dans

---

[1] Cependant, il ne serait peut-être pas inutile d'introduire au milieu de nous, si c'était possible, quelque peu du génie allemand, ne fût-ce que pour ramener et convertir à l'amour de l'idéal le génie français, qui semble s'enfoncer de plus en plus dans l'empirisme.

un sens différent et plus large, à celui que produisit en Occident, à l'époque de la renaissance des lettres, celle des systèmes de la Grèce ancienne.

Il faut encore faire remarquer que, quelque puissante empreinte qu'une philosophie reçoive de l'esprit national, elle renferme cependant dans ses profondeurs une partie essentielle, qui est le produit de la raison humaine en général, et qui répond par cela même aux exigences des hommes de tous les temps et de tous les pays. C'est là ce qu'il faut emprunter aux systèmes allemands. Ajoutons encore qu'à l'époque où nous vivons, par suite des rapports multipliés des peuples, les nationalités, sans disparaître entièrement, perdent de plus en plus les aspérités par lesquelles elles se repoussaient réciproquement, et qu'elles tendent à ne former que des nuances capables de se combiner, ou du moins de se compléter les unes les autres.

Quoi qu'il en soit, nous sommes persuadé que les hommes qui, en France, portent un véritable intérêt à la vie et aux progrès de la pensée, peuvent gagner beaucoup au contact de la science allemande, et c'est surtout parce que nous avons cru que cet écrit de M. Ritter pouvait porter cette conviction dans leurs esprits que nous avons essayé de le faire passer dans notre langue. Nous savons d'avance que les partisans de la philosophie scolastique ne tiendront aucun compte des considérations présentées dans cet ouvrage, — considérations qui s'appuient cependant et sur les faits et sur

l'analyse des lois logiques de la raison. Cette philosophie est aujourd'hui moins un système qu'un parti, et
il n'est pas dans la nature des partis de se rendre à des
raisons, quelque bonnes qu'elles puissent être. Trouve-
ront-elles un plus facile accès auprès des disciples de
la philosophie opposée? C'est possible, car d'un côté
cette philosophie, quelque opinion avantageuse qu'elle
ait de sa propre valeur, ne s'est pas fait une loi de l'im-
mobilité, et de l'autre, ceux qui la professent sont en
général des hommes intelligents, aimant et favori-
sant jusqu'à un certain point le progrès, versés dans
la connaissance de l'histoire des systèmes philosophiques et, par conséquent, plus capables que les scolastiques de comprendre ce qui tombe en dehors de leur
cercle d'idées. Cette philosophie, il est vrai, est aussi
devenue en quelque sorte un parti, mais, il faut le reconnaître, un parti qui n'est pas lié étroitement par des
croyances arrêtées à jamais, et qui n'est formé que par
une communauté de pensées, de position et d'intérêts.
Au reste, on peut espérer qu'en dehors de ces écoles il
y a encore des esprits libres et indépendants, repoussant
les prétentions aussi exagérées que surannées de ces deux
philosophies et aspirant à une conception des choses
plus haute et plus large que celle qu'elles peuvent leur
offrir. C'est surtout à ces esprits que s'adresse cet écrit,
et c'est pour eux que nous l'avons traduit.

CONSIDÉRATIONS GÉNÉRALES

SUR

L'IDÉE ET LE DÉVELOPPEMENT HISTORIQUE

DE LA

PHILOSOPHIE CHRÉTIENNE.

———

Quand on compare l'histoire de la philosophie ancienne avec l'histoire de la philosophie dans les temps
modernes, on ne peut s'empêcher d'être étonné de la
simplicité de la première et de la complication de la
seconde. Ce n'est pas seulement la richesse des ma-
tières qui rend la philosophie moderne difficile à
exposer, c'est encore la multiplicité des influences
diverses sous lesquelles elle s'est développée. Dans la
philosophie ancienne, nous n'avons presque à considérer que les systèmes grecs; dans la philosophie moderne, nous avons à compter avec la littérature d'un
beaucoup plus grand nombre de peuples, dont les développements ne sont pas restés sans action sur la culture philosophique. Les Grecs, dans leurs travaux scientifiques, n'eurent pas à subir, ou du moins ils ne su-
birent qu'à un faible degré, l'influence des peuples
antérieurs; dans tous les cas, les influences étrangères
n'agirent sur eux d'une manière décisive que dans les

derniers temps de leur histoire. Nous, au contraire, depuis les premiers moments de notre littérature, nous
avons été liés aux doctrines de ceux qui nous ont précédés, et la tradition de la culture antérieure n'a pas été
dans tous les temps également complète et également
pure. Joignez à cela que notre philosophie a grandi sous
l'influence de la religion et de l'Eglise, tandis que la
philosophie grecque n'a presque pas connu d'influence
semblable.

Ces considérations doivent faire sentir qu'il est bien
plus difficile de suivre le fil historique à travers le laby-
rinthe de notre philosophie que de retracer la marche
simple de la philosophie grecque; et elles nous serviront
d'excuse si, en essayant de décrire les points principaux
de l'histoire de la philosophie moderne, nous n'avons
pas pu toujours être aussi heureux que nous l'aurions
désiré.

Il est encore un point sur lequel nous nous permet-
tons d'attirer l'attention. Quand on veut porter un jugement sur la philosophie moderne, on est beaucoup plus
exposé à s'écarter de l'impartialité que quand il est
question de la philosophie ancienne. On en comprend
facilement la raison : c'est que nous vivons encore au
milieu des partis qui, comme chacun le sait, n'ont pas
encore disparu de notre philosophie. L'Allemand, le
Français, l'Anglais, s'accorderont difficilement sur les
questions philosophiques. Aux différents points de vue
scientifiques viennent se joindre les préventions natio-

nales, dont nous devrions, quand il s'agit de porter un jugement scientifique, nous dépouiller entièrement; et cependant, cette impartialité pourrait nous faire accuser d'indifférence pour la gloire de notre pays. La préférence que nous sommes portés à accorder à ce qui nous intéresse plus particulièrement, permet à peine d'espérer que nous puissions être également justes pour toutes les tendances de notre temps, tendances auxquelles doit participer aussi la philosophie actuelle[1].

§ I. DE L'IDÉE DE LA PHILOSOPHIE CHRÉTIENNE.

Nous donnons le nom de philosophie chrétienne à la philosophie qui s'est formée au milieu des peuples chrétiens, de même qu'on désigne sous le nom d'Etats chrétiens les Etats dans lesquels le christianisme est établi; et si nous lui donnons ce nom, ce n'est pas parce qu'il ne s'est montré en elle aucun élément qui ne soit pas chrétien, mais c'est parce que la religion et l'église chrétiennes ont exercé et exercent encore sur son développement une influence telle, que par elle seule on peut se rendre compte de la formation, de l'histoire et de la nature de cette philosophie. Cette influence doit s'expliquer en partie par le rapport de la philosophie à la religion en général, et en partie par son rapport à la religion chrétienne en particulier.

[1] Voir la note I.

Pour ce qui est du rapport de la philosophie à la religion en général, il faut admettre qu'en général les développements de ce qui constitue notre individualité, ou, comme nous pouvons les appeler, les développements individuels de notre cœur, sont dans une union nécessaire avec les développements de la science, développements qui ont une valeur égale pour tous les hommes, puisque ces deux espèces de développement ne sont que des faces diverses du développement de l'âme humaine, et qu'en particulier les développements religieux du cœur agissent sur les développements de la philosophie à peu près comme les développements esthétiques du cœur sur les développements des sciences historiques, c'est-à-dire sur les développements des sciences des choses phénoménales, puisque les développements religieux du cœur (sentiment religieux) ont ceci de commun avec les pensées philosophiques de tendre également vers les causes des choses, et les développements esthétiques du cœur (sentiment du beau, imagination productive) ont ceci de commun avec les sciences historiques de porter également sur les phénomènes [1]. Il est facile de comprendre qu'une philosophie forte ne peut se former que là où se trouve un puissant amour pour la vérité, c'est-à-dire là où le cœur de l'homme ne cherche pas sa satisfaction dans les choses sensibles, mais seulement dans la connaissance rationnelle de ce qui est. Celui qui aime les choses sensibles tourne vers elles ses espérances et

[1] Voir la note II.

ses craintes, son âme tout entière ; aucune véritable philosophie n'est alors possible. C'est donc une condition nécessaire pour la philosophie que l'homme dirige ses désirs et ses penchants vers quelque chose de plus élevé ; et dans ces dispositions se trouve déjà un élément religieux.

On ne peut, par conséquent, se représenter l'influence de la religion sur la philosophie que comme l'influence d'une tendance de l'esprit sur les connaissances qu'il acquiert et qu'il possède. Cette tendance peut bien se manifester dans une doctrine, mais il ne faut pas la confondre avec cette doctrine. Aussi l'on peut dire que, dans son développement historique, la philosophie est dépendante de la religion, sans qu'elle perde pour cela la liberté qui lui appartient essentiellement. Il en serait autrement si la religion était une doctrine ; car alors ou cette doctrine serait la philosophie elle-même, c'est-à-dire une connaissance libre, puisée seulement dans la raison, ou elle ne serait pas la philosophie, mais une opinion basée sur autre chose que la raison, par exemple, sur les sens ou sur la tradition : et dans ces deux cas la philosophie ne dépendrait pas de la religion, puisque dans le premier la religion serait la philosophie ou du moins une de ses parties, et dans le second la connaissance qui dériverait de quelque idée acceptée arbitrairement, ne serait pas philosophique. Mais si la religion est une tendance du cœur, rien n'empêche qu'elle ait la philosophie sous sa dépendance, ou qu'elle soit la base d'une philosophie; car la dépendance dans laquelle la philosophie se trouve par rapport à la religion, consiste seulement en ce que la religion dirige l'attention de la philosophie sur certains points. Celle-ci est poussée à reconnaître et à étudier la vérité de ces objets, sans tirer ses doctrines de la religion. Le rapport de la philosophie à la religion est donc tout autre que le rapport de la philosophie à la dogmatique d'une religion. La philosophie peut être sous l'influence de la religion, mais non sous celle de la dogmatique.

La religion chrétienne en particulier a exercé une plus grande influence sur le développement de la philosophie que toutes les autres religions; elle a été, en effet, capable de devenir la religion des peuples qui, dans les temps modernes, ont cultivé les sciences avec le plus de succès, et d'entrer plus en rapport avec le développement scientifique que la religion de tout autre peuple précédent. Sous ce rapport, la religion chrétienne pourrait être comparée à celle des Grecs, puisqu'aucun autre peuple de l'antiquité n'a eu une philosophie qui puisse être mise à côté de celle des temps modernes. Mais chez les Grecs, la philosophie n'est pas avec la religion dans une liaison aussi intime que chez les peuples chrétiens: ce qui doit s'expliquer par la nature du polythéisme grec, plus propre à favoriser la poésie et l'art que la pensée philosophique qui a pour but de rechercher la cause première des phénomènes et l'objet le plus général de la science. Le polythéisme a bien exercé quelque influence sur la formation de la philosophie grecque ; mais dans les meilleurs temps de cette philosophie, cette influence ne s'est pas étendue bien loin. Aussi on ne peut guère parler d'une philosophie païenne. Si l'on voulait donner cette qualification à une philosophie, il faudrait descendre au temps des néoplatoniciens, quand le polythéisme chercha à se défendre par des sophismes contre le christianisme. Le caractère grec a eu une plus grande action que la religion sur les plus beaux moments de la philosophie. D'ailleurs, le paganisme ne nous présente qu'une idée collective très vague.

Nous ne pouvons pas prendre pour un accident l'impulsion que le christianisme a donnée à la philosophie moderne. Car, quand même on voudrait regarder comme accidentel le fait qu'il s'est répandu chez les peuples qui ont le plus de goût pour les sciences, il faudrait bien accorder que leur culture philosophique n'aurait pas pu se rattacher à lui, s'il n'avait pas contenu quelque élément capable de favoriser les idées philosophiques. D'ailleurs, cette puissance excitante du christianisme ne se montre pas seulement chez les peuples nouveaux, mais encore chez les anciens peuples au milieu desquels, à mesure qu'il se répandit, il fit naître un nouvel élan vers la philosophie. C'est ce qu'on voit surtout chez les hommes éclairés de la nation latine qui, après avoir auparavant dépendu de la culture grecque pour les choses philosophiques, arrivèrent par le christianisme à des vues propres, et posèrent en philosophie le fonds d'idées que les modernes n'ont fait qu'étendre et agrandir. Sous ce rapport, la doctrine de saint Augustin qui devint la base de la philosophie du moyen âge, est d'une haute importance.

On ne peut être surpris que la religion chrétienne ait exercé une plus grande influence sur le développement de la philosophie que les religions précédentes, en particulier que celle des Grecs et des Romains, quand on se représente les différences qui la distinguent de toutes les autres. Ces différences sont très marquées. Nous ne voulons pas méconnaître la valeur des religions anciennes; cependant, en présence du christianisme, elles ne se montrent que comme d'obscures pressentiments vis-à-vis de la brillante lumière de la vérité. Cette différence est d'autant plus grande que ce qu'il y avait de vérité primitive dans le paganisme était gâté par la superstition, et ne pouvait être reconnu ou senti. Si l'on considère la foi populaire des Grecs, des Romains et des autres peuples païens, on voit aisément que c'est malgré leur religion que la vraie connaissance de Dieu s'introduisit chez eux, tandis que chez les chrétiens il y a harmonie entre l'une et l'autre. Chez les Juifs, le rapport de la religion à la philosophie était autre, mais n'était pas plus favorable à celle-ci; car, en tendant à tout dominer, la religion juive devait empêcher le développement philosophique.

Il faut entrer dans plus de détails sur la comparaison des religions anciennes avec la chrétienne, pour pouvoir

apprécier l'influence de l'une et des autres sur la philosophie ; et pour cela il est nécessaire, dans ce sujet difficile, de poser d'abord quelques principes généraux. Les
difficultés se trouvent ici principalement dans ce double
fait que, chez les peuples non chrétiens, il n'y a pas uniquement des éléments non chrétiens, ni chez les peuples
chrétiens, seulement des éléments purement chrétiens.
On sait qu'il a fallu une série de développements pour
rendre conformes au christianisme les sentiments, les
mœurs, les opinions, et que même aujourd'hui ce développement se continue. Cela accordé dans son sens le
plus large, il est incontestable que nous ne sommes pas
encore arrivés à nous faire de la religion chrétienne
une idée complète et dégagée de tout élément étranger. Le christianisme pur nous apparaît, au contraire,
comme un idéal dont l'humanité doit s'approcher de
plus en plus. Il faut, par conséquent, chercher à distinguer dans la société chrétienne ce qui est chrétien de ce
qui ne l'est pas ; et, dans notre manière de considérer le
christianisme, il ne faut pas nous laisser troubler, si
quelqu'un des points que nous posons comme essentiels
pour le sentiment chrétien, n'est pas généralement
jugé de même par ceux qui appartiennent à cette religion. D'un autre côté, il est hors de doute que les sentiments et la manière de penser qu'il a fait naître, se
sont étendus au delà du cercle de ceux qui portent le
nom de chrétiens. Aussi, depuis sa propagation, il ne
faut pas s'attendre à trouver dans toute leur pureté le

judaïsme et le paganisme. Cela suppose que les éléments chrétiens peuvent se communiquer sans les formes du christianisme. Le contraire ne pourrait être soutenu que par ceux qui croient qu'il peut se développer dans une âme sans qu'elle ait eu d'abord besoin d'une certaine préparation ; car si une préparation est nécessaire avant son entière adoption, il faut accorder qu'il peut y avoir, dans les hommes qui n'appartiennent pas encore à la société chrétienne, des sentiments chrétiens et des pensées chrétiennes. De là, pour nos recherches, ce principe important qu'il faut se garder de prétendre trouver l'essence de la philosophie non chrétienne dans les systèmes qui se sont formés parmi les non-chrétiens depuis l'établissement du christianisme ; car, s'il y a en eux une tendance de l'esprit qui s'oppose au triomphe de cette religion, des éléments chrétiens se sont cependant mêlés, dans leurs doctrines, à d'autres qui ne le sont pas. D'un autre côté, on n'aurait pas complétement ce qui est chrétien, si on voulait lui refuser ces éléments, parce qu'ils se trouvent aussi ailleurs.

Il faut encore avoir égard à ce principe sous un autre rapport. Il suit de ce que nous venons d'indiquer que, même avant Jésus-Christ, il a pu se trouver chez les Juifs et chez les païens des sentiments et parfois des pensées qui, plus tard, se sont montrés comme éléments du christianisme. Cette idée n'est pas neuve ; elle est une des plus anciennes doctrines de l'église chrétienne qui, de là même source, la Parole de Dieu, faisait dériver les vérités chrétiennes et les pressentiments qu'avaient eus les prophètes juifs et les sages du paganisme. Elle nous frappera, si nous considérons que la religion chrétienne n'aurait pas pu se répandre et se faire accepter, s'il n'y avait pas eu déjà une tendance secrète vers elle[1]. Pour distinguer dans ce sens ce qui est chrétien de ce qui ne l'est pas, il faut donc admettre que ce qui par le christianisme est entré clairement et avec une direction positive dans la conscience de l'homme, y existait déjà obscurément et d'une manière indéterminée, sans pouvoir s'étendre sur toute la vie humaine, parce qu'il y avait encore dans la conscience des éléments qui arrêtaient son essor. Le christianisme a épuré l'esprit humain; il y a rétabli l'image divine : cela suppose que dans les religions antérieures il y avait bien trouble pour l'esprit humain, mais pas au point d'être général et d'avoir effacé toutes les traces de la conscience de Dieu.

Il faut accorder qu'il peut y avoir, pour juger le christianisme et le comparer avec les autres religions, un point de vue plus élevé que celui qu'il donne. C'est ce qu'il reconnaît lui-même; car il ne se considère que comme un moyen, comme une foi qui doit conduire à la vue, que comme une manière de vivre qui doit amener à la félicité. L'homme religieux qui se comprend, ne peut pas d'ailleurs se refuser à reconnaître que, à côté du développement religieux, il y a encore d'autres fins qu'il ne peut négliger, et qui, par leur forme et leur na-

[1] Voyez la note III.

ture, n'appartiennent pas à la religion. Mais il faut, d'un autre côté, être assez juste pour accorder à la religion que les sentiments qu'elle inspire doivent pénétrer tous les développements de l'esprit humain qui tendent à ces fins. En un mot, il est un bien suprême pour l'homme, et la religion n'est pas ce bien suprême, mais seulement un des moyens nécessaires de l'atteindre ; et comme il faut juger tout moyen d'après ce qu'il fait pour le but auquel il doit conduire, on aurait un plus haut point de vue pour juger la religion et ses diverses formes, si l'on avait la connaissance du bien suprême. Sans vouloir nier que nous n'en ayons une certaine connaissance, il faut remarquer que nous qui vivons dans le christia- nisme, nous ne pouvons juger la religion que dans l'i- dée que la religion chrétienne est la vraie et la meilleure, c'est-à-dire celle qui satisfait entièrement nos besoins religieux ; car notre connaissance du bien suprême, par rapport à la religion, ne peut aller au delà de l'idéal religieux que nous avons saisi ; et tant que nous vivons dans la religion chrétienne, nous trouvons cet idéal en elle. Ainsi il nous est impossible de la tenir pour incom- plète, en la comparant avec les autres ; celles-ci doivent même nous apparaître comme des développements reli- gieux imparfaits, ayant leurs fins dans un développe- ment parfait, c'est-à-dire dans le christianisme. De ce point de vue, nous devons considérer son apparition au milieu des hommes comme le point de départ d'une époque nouvelle dans l'histoire, époque dans laquelle l'humanité se tourne vers la vraie religion et commence à mener en Dieu une vie nouvelle. Par conséquent, ce qui est chrétien et ce qui ne l'est pas se trouvent dans le même rapport que la vie divine et la vie humaine dans l'humanité.

Cependant, quand il s'agit d'appliquer ce principe à un homme ou à l'humanité, il ne faut pas prétendre que la vie que nous désignons sous le nom de divine ne soit inspirée que par des sentiments divins, et que celle que nous appelons humaine ne soit mue que par des sentiments humains. Tout ce qu'on peut s'attendre à trouver, c'est que dans celle-ci l'amour et la pensée de Dieu ne se présentent dans le cœur que distraites et comme étrangères, tandis que celle-là a pour son principe central un sentiment de dévouement à Dieu, quoiqu'il puisse se faire que l'oubli de Dieu surprenne l'âme en certaines heures de faiblesse. Il faut admettre que la vie chrétienne de l'humanité se distingue de la vie qui a précédé le christianisme, en ce que dans l'une la conscience de Dieu se développe d'une manière suivie, et que dans l'autre elle s'est développée d'une manière sporadique. On peut expliquer par là pourquoi, dans l'antiquité, les idées religieuses n'ont exercé sur la marche de l'histoire qu'une influence peu marquée qui ne l'a pas pénétrée tout entière, tandis que, dans les temps modernes, la plus grande partie du développement vient du mouvement religieux[1].

[1] Nous ne pouvons ici qu'indiquer cette idée. La propagation du christianisme exerça déjà une influence décisive sur l'époque de l'empire ro-

La différence entre ce qui est chrétien et ce qui ne
l'est pas ainsi comprise, il n'est pas besoin de chercher
à montrer quelle idée particulière le christianisme a fait
connaître aux hommes. Il est bien vrai que la religion
des peuples anciens est tout autre que la religion chrétienne; mais il ne faut pas prétendre par là qu'il n'ait
pas pu, malgré ses religions, se développer chez les peuples anciens des sentiments et des pensées tout à fait semblables, par leur contenu, aux mouvements d'un cœur
chrétien. On peut dire seulement qu'ils ne se sont
montrés que comme des phénomènes isolés, disparais-
sant presque dans la masse des choses environnantes,
et s'alliant peut-être même à des idées contraires au
caractère du christianisme, tandis que, depuis l'établissement du christianisme, ils se sont manifestés d'une
manière suivie et se sont fait une place en rapport
avec leur nature. Dans l'ancien monde et surtout dans la
philosophie ancienne, parmi les plus éclairés des païens,
on peut entendre beaucoup de sons chrétiens, et ce que
l'on a désigné comme formant le caractère des religions
anciennes, ne se trouve pas toujours comme foi chez les

main. On ne peut méconnaître qu'au moyen âge la conversion des peuples
nouveaux au christianisme, la formation de la hiérarchie, les croisades,
la dissolution de la hiérarchie, dissolution qui s'accomplit peu à peu et
amena la Réformation, ne soient les points de départ d'autant de développements nouveaux dans l'histoire. Même après la Réformation, l'influence
des idées ecclésiastiques fut considérable, et ne doit pas être négligée. On
ne peut encore, sous ce rapport, formuler rien de précis pour les temps
plus rapprochés de nous; cependant il nous paraît que l'indifférence religieuse ou les tendances irréligieuses de cette époque ont exercé une action
capitale sur la formation de l'histoire de nos jours.

anciens peuples. Il faut reconnaître que certaines tendances de l'esprit sont proprement chrétiennes, dans ce
sens qu'elles n'ont pu se montrer pures et avec une entière conscience que dans la société chrétienne, quoiqu'on puisse déjà dans l'antiquité en rencontrer des
pressentiments et même des traces fugitives, qui, au milieu de circonstances peu favorables, n'ont pas pu prendre de la consistance.

Dans le polythéisme on trouve cependant le sentiment de l'unité du divin. On ne peut se refuser de le
voir dans la philosophie grecque. Mais l'on méconnaî-
trait les différences les plus essentielles, si l'on croyait
que la manière dont Dieu est pensé par les philosophes
païens, est la même que celle dans laquelle la religion
chrétienne nous apprend à le penser. Quoiqu'ils recon-
nussent en effet qu'un Dieu suprême régit toutes choses
dans le monde, ils ne trouvaient rien de choquant à
mettre à côté de l'unité divine une pluralité de dieux
inférieurs, chargés de prendre soin, sinon de l'ensemble, du moins d'une grande partie des événements humains. Les philosophes grecs ont même traité cette idée
si dogmatiquement que ce serait faire preuve d'une
connaissance très superficielle de leurs systèmes que de
croire pouvoir l'expliquer toujours, et dans tous les cas,
comme une accommodation à la religion populaire, ou
comme une fiction mythique. Il faut faire plus de part à
l'influence qu'exerce sur les individus l'opinion de tout
un peuple, opinion dont le citoyen le plus fort ne peut

se délivrer que quand l'unité du peuple est brisée. C'é-
tait chez les anciens une opinion tout à fait dominante
que le passage de ce qu'il y a de plus haut à ce qu'il y
a de plus bas ne se fait que par degrés, et qu'il en est
de même pour ce qui concerne les choses humaines.
Aussi il est dans leur manière de voir de ne pas se
représenter le Dieu suprême comme régissant immédiatement toutes les affaires humaines, mais de mettre
entre lui et les hommes, comme intermédiaires, des êtres
devenus dieux ou des dieux éternels, et ensuite des
démons et des héros. Plus la philosophie ancienne prit
une forme dogmatique, plus aussi elle s'attacha à cette
doctrine des degrés successifs. Si on y admet encore
une liaison immédiate entre le Dieu suprême et les
hommes, c'est dans l'élément rationnel de notre vie
qu'on la pressent; mais on en avait plutôt le pressentiment que la conscience; car l'opinion reçue sur le
monde devait rendre au moins très douteuse l'action
immédiate de Dieu sur les choses humaines. Les doctrines physiques qui s'étaient établies avant même les
pythagoriciens, pour ne pas avoir égard à des traces
moins décisives dans des temps encore plus reculés, par-
tent de cette idée que le champ de l'existence terrestre,
imparfait comme il est dans toutes ses parties, est sous
la puissance des régions plus élevées du monde, dont il
dépend pour la forme et le principe de la vie, et que ce
n'est qu'au moyen de ces forces supérieures du monde
que le Dieu suprême dirige les choses périssables d'ici-

bas. La pensée qui fait le fond des superstitions astrolo-
giques, domine la physique grecque, tant qu'elle ne
tombe pas dans de plus grandes erreurs, et cette pensée
se lie au polythéisme grec, en tant qu'il considère les
étoiles comme des dieux inférieurs.

A cela se rattache encore une autre opinion qui ne
limite pas moins l'action de Dieu sur le monde qui nous
entoure. Nous voulons parler de l'idée que l'antiquité
se faisait de la matière. Les systèmes qui mettent à côté
de l'idée de Dieu celle de la matière, ou toute autre notion analogue, de sorte que le monde ne puisse exister
que dans l'union de l'action des deux, posent évidemment une limite à l'action de Dieu sur le monde. Cependant, cette idée est trop peu scientifique pour que
la philosophie grecque ne dût pas bientôt chercher à la
mettre de côté; mais elle était trop implantée dans l'esprit antique pour qu'on pût penser à effacer toute opposition entre la matière et l'activité divine dans le
monde. Aussi on ne chercha qu'à l'adoucir ou qu'à
l'expliquer. Quelques-uns, comme les stoïciens, ne
craignent pas de confondre l'idée de la matière avec
celle de Dieu; leur Dieu matériel n'est au fond qu'une
force de la nature douée de raison et contenant réellement en elle-même une opposition. Pour d'autres, par
exemple Aristote et Platon, la notion de la matière ne
représente que la limitation nécessaire du monde; ils
ne sont en désaccord que quand il s'agit d'établir en
quoi consiste cette limitation, si elle est un principe

éternel, ou si elle a pris naissance au commencement des choses sensibles. Mais, que l'on adopte l'une ou l'autre opinion, il n'en reste pas moins admis qu'une limitation des choses est nécessaire à ce monde. Ces philosophes pensent que le mal ne peut être détruit, puisque la limitation due à la matière se trouve toujours liée à l'activité divine sur le monde. On voit comment à cette opinion se rattache l'idée que Dieu est limité dans son rapport au monde, qu'il ne s'y révèle pas parfaitement, qu'il ne peut y manifester sa nature et sa puissance que par un certain intermédiaire nécessaire [1].

Telle est, selon nous, la différence essentielle de la manière de penser qui se trouve au fond des religions anciennes, et de celle qui est propre au christianisme. Il est bien encore quelques autres points qu'on peut regarder comme caractéristiques ; mais, en partie, ils portent moins que celui que nous venons d'indiquer sur le centre même des choses, et en partie ils sont moins généraux et ne présentent pas des différences si décisives.

On a dit que la religion des Grecs était, dans son essence, un culte de la nature, et qu'elle cherchait le divin plutôt au dehors qu'au dedans des libres activités de l'esprit. Mais, du moins, la doctrine des philosophes, d'un Socrate, d'un Platon, d'un Aristote, des stoïciens, tend à chercher le Dieu suprême dans la raison et dans l'intérieur de l'homme plutôt que dans la nature, dans laquelle ils voyaient l'empire des dieux inférieurs et les

---

[1] Voir la note IV.

limitations imposées par la matière. Peut-on méconnaître une tendance morale dans la religion des anciens, quand on remarque que les dieux étaient honorés par eux principalement comme les fondateurs et les conservateurs des Etats, comme les vengeurs du meurtre et des crimes, et en général comme les gardiens de l'ordre social parmi les hommes? On a peut-être raison de dire qu'à ces éléments moraux de leur religion se mêlent plusieurs représentations physiques qui devaient troubler le sentiment moral. Mais, sans vouloir rechercher si c'étaient les notions physiques ou les idées morales qui l'emportaient, nous pouvons regarder comme certain qu'il y avait dans les religions anciennes des mouvements du cœur qui pouvaient vivifier la partie éthique des travaux philosophiques ; et même, si nous considérons ce que ces travaux ont produit jusqu'à ce jour, il faut bien reconnaître que la direction qu'a suivie la philosophie moderne depuis son origine jusque vers la fin du dix-huitième siècle, n'est pas parvenue à trouver d'aussi grandes idées éthiques que celles indiquées par les écoles socratiques dans la morale et la politique.

On a cherché une différence du chrétien et du non-chrétien dans la politique. Le christianisme, a-t-on remarqué, a le premier répandu l'idée de l'égalité de tous les hommes devant Dieu, tandis que les religions anciennes, n'étant que le culte de dieux nationaux, devaient établir nécessairement une différence entre les hommes devant leurs dieux respectifs; et, sous ce rapport, le culte juif est dans le même cas que le paganisme. On en appelle ici à la différence tranchée qui existait chez les anciens entre les barbares et les alliés, à la cruauté de leurs guerres, à l'esclavage, dont la légalité fut soutenue même par les philosophes les plus libéraux. Ceci représente, en effet, une partie remarquable de la manière de penser des anciens et de la religion qui y répondait. Cependant il ne faut pas croire que ce soit là l'essence constitutive et constante de l'esprit de l'antiquité. C'est plutôt un degré des développements par lesquels sont passées les religions anciennes; elles portaient en elles les germes d'une conscience plus libre de la dignité humaine générale. Du moins, il est certain que sans la révélation chrétienne, même avant elle, on avait senti l'injustice de l'esclavage. On avait commencé à regarder comme une chose contraire à la nature, non-seulement la guerre entre les Grecs, mais encore celle entre tous les hommes. On avait vu enfin que tous les hommes sont le troupeau de Dieu, et qu'ils ont même droit et même mérite devant lui, pourvu qu'ils veuillent être des membres utiles de la société en général. Nous ne voulons pas toutefois donner trop d'importance à ces considérations, puisque, en examinant soigneusement la chose, on voit que ces doctrines ne se montrèrent pour la plupart que dans des temps plus modernes, et quand les religions anciennes menaçaient ruine, mais cependant avant que l'humanité fût mûre pour le christianisme. Nous savons bien que dans l'antiquité les sentiments exclusivement nationaux avaient une grande puissance; nous en avons la preuve dans les philosophes les plus profonds, comme Platon et Aristote, qui regardaient l'esclavage comme une chose naturelle, et la chasse des barbares qui, par nature, n'étaient propres qu'à l'esclavage, comme une guerre juste. Mais que cette opinion ne tînt pas à l'essence même des religions anciennes, c'est ce que prouve l'accord qui existe dans les traits principaux des cultes des différents peuples, accord que les anciens eux-mêmes reconnaissaient. Quand le Grec, quand le Romain retrouvait ses dieux dans les dieux adorés dans la Syrie, dans l'Egypte, dans la Libye, il fallait bien qu'il ne les regardât pas seulement comme les dieux de sa nation; et quand il reconnaissait que c'était la même divinité qui était invoquée sous des noms différents, il fallait bien aussi qu'il ne fît pas consister l'essence de la religion dans certaines formalités extérieures, mais qu'il supposât une activité de l'esprit humain pouvant se manifester sous des formes diverses. Comment aurait-il pu en être autrement, quand l'adoration des anciens dieux n'était que l'adoration de fins morales et de forces de la nature dans lesquelles se révèle à nous le divin, et que différents peuples ont pu trouver et ont réellement trouvé le divin dans ces fins et dans ces forces?

Si nous y faisons attention, nous verrons que les différences que nous venons d'indiquer entre ce qui est chrétien et ce qui ne l'est pas ne portent que sur des faits particuliers, détails et conséquences, non nécessaires cependant, du principe que nous avons indiqué et auquel on peut les ramener tous. N'est-il pas clair en effet que ces doctrines se fondent sur l'idée que la puissance et la bonté divines ne peuvent pas se produire entièrement, se révéler purement dans le monde auquel nous appartenons? On regardait leur manifestation comme arrêtée par la nécessité du mal et comme s'opérant médiatement par certains êtres intermédiaires moins parfaits. Si le divin tend à se manifester immédiatement dans la raison, le corporel ou le matériel se trouve toujours comme un élément impur dans notre vie; nous ne sommes jamais délivrés de cette impureté. Même en considérant le sensible comme un moyen de faire le bien, il faudrait toujours le regarder comme un moyen imparfait et incapable d'atteindre complétement le but. Les empêchements physiques devaient aussi paraître invincibles aux anciens, et la nature se montrer à eux dans un tout autre sens qu'à nous qui sommes convaincus que les maux naturels dont nous nous plaignons sont des moyens dont Dieu se sert pour son œuvre, qui est la délivrance de tout mal. Le sentiment du mal est chez les anciens plus profond que chez nous; leurs plaintes à ce sujet n'ont point de fin. A ce sentiment appartient aussi leur opinion que les différences des peuples sont dans la nature, que les uns sont destinés à servir, les autres à dominer. On ne peut pas espérer qu'avec cette manière de voir, les oppositions qui se trouvent entre les hommes se résolvent jamais dans une harmonie générale. En un mot, les anciens ne connaissaient pas la rédemption de l'humanité de tout mal ; du moins ils ne la connaissaient pas, ainsi que nous, comme devant être générale et complète. Et c'est là ce qui forme proprement le caractère du christianisme ; il est tout entier dans le sentiment de la rédemption de l'humanité en général, sentiment que nous ne pouvons pas séparer du sentiment de la rédemption par Christ, puisque c'est précisément à l'apparition du Christ parmi les hommes que se rattache le sentiment de la rédemption et que c'est depuis ce moment qu'il s'est établi et propagé dans l'humanité. Mais, comme l'analyse de cette idée est du ressort de la théologie, et ne va pas directement au but que nous poursuivons ici, nous la laissons de côté pour passer à quelques observations propres à prévenir tout malentendu sur ce que nous venons de dire.

Nous avons déjà prétendu qu'il n'est aucun élément particulier de la conscience qui sépare le chrétien du non-chrétien ; ce principe trouve encore ici son application. Nous ne pensons pas, en effet, qu'avant la venue du Christ il n'y ait eu aucune idée de la rédemption ou de la réconciliation de l'homme avec Dieu ; nous croyons seulement qu'avant ce moment cette idée n'avait pas pu pénétrer la conscience humaine tout entière et se faire valoir avec une complète persuasion. Le désir de la rédemption est de la plus haute antiquité. Comment n'aurait-on pas tendu en tous lieux à saisir cette espérance? Pour ne rien dire des anciennes religions des Indiens et des Perses, qui sont pleines de l'attente et de l'annonce d'un rédempteur du monde, on découvre chez les Grecs et chez les Romains, sinon dans une unité aussi déterminée, du moins dans toutes leurs diverses cérémonies religieuses, le désir de se réconcilier avec les dieux et d'obtenir d'eux la garantie de la délivrance du mal. Il nous semble qu'il est de l'essence de la religion positive de donner une idée nette de la rédemption. Ne doit-elle pas en effet nous révéler quelque chose qui auparavant n'était pas clair? Et ce qui ne nous est pas encore révélé, n'est-ce pas ce dont nous devons plus tard, dans l'avenir, avoir la connaissance? Aussi chaque révélation a une promesse d'avenir; et cette promesse, en tant qu'elle doit satisfaire en quelque manière le sentiment religieux, ne peut avoir d'autre but que celui de tranquilliser l'âme sur le mal présent. Les religions polythéistes qui reconnaissaient une pluralité de dieux, avaient une pluralité de promesses; aussi elles ne pouvaient tendre à un but suprême, à une unité de développement parfait. On pourrait expliquer par là pourquoi on ne trouve pas, du moins pas clairement conçue, l'espérance d'une délivrance entière. Même dans les religions monothéistes de l'antiquité, on n'espère qu'une délivrance temporelle qui doit se trouver ou dans la possession d'un bien terrestre, ou dans une plus haute union de l'esprit humain avec Dieu.

Mais même là domine l'idée que dans le changement nécessaire des choses que produira cette union, se montrera
encore la division; ce qui amènera de nouveau une série
de faits analogues à ceux de l'ère précédente. Quelque
distance qu'il y ait entre ces idées et la promesse en laquelle nous avons confiance, il ne faut pas croire cependant qu'elles n'aient pas pour base l'espérance d'une
délivrance infinie, quoique ce ne soit que d'une manière inconsciente et non développée. Il en est de cette
espérance d'une délivrance temporelle, par rapport à
l'espérance d'une délivrance complète, comme de l'effort fait pour posséder un bien périssable, au fond du-
quel il y a un effort vers la possession du bien suprême,
ou comme du travail entrepris pour acquérir une connaissance particulière, sous lequel se trouve la tendance
vers la science absolue. Mais la philosophie réussit parfois à donner une conscience claire de ce qui est au
fond du travail de l'esprit sans qu'il en ait conscience;
et ainsi nous pouvons expliquer pourquoi les doctrines
des anciens philosophes ne sont pas sans quelques traces
d'une espérance qui s'élève au-dessus de la mesure de
connaissance donnée par leur religion.

Nous savons que dans les religions anciennes il y a
des traces de l'attente de l'immortalité. Les philosophes
adoptèrent cette idée, et ils présentèrent, du moins en
partie, d'une manière digne, la continuité de la vie de
l'esprit. Ce fut surtout Platon qui insista sur ce point,
et manifesta parfois une espérance qui ne serait pas in-

digne d'un chrétien, espérance qui lui inspirait l'idée que
l'âme du sage, libre des limites corporelles, jouirait de
la vue pure de Dieu. Cependant, il faut reconnaître que
cette pensée est comme étrangère au milieu des autres
doctrines de ce philosophe, qu'elle ne s'élève pas jusqu'à l'espérance générale que le chrétien possède, non
pas seulement pour lui seul, mais pour tous ses frères,
et qu'elle est trop restreinte en ne s'appliquant qu'à l'âme
du sage. On ne peut nier que l'idée des anciens sur le
monde et les rapports de l'homme au monde, n'exclue
l'espérance d'une perfection future. Leurs plaintes sur
la faiblesse de l'humanité, dont ils mesurent la grandeur
plus d'après les rapports extérieurs que d'après sa puissance intérieure, sont générales ; ils sentent trop profondément la grandeur et la quantité du mal présent pour
pouvoir attendre plus qu'une amélioration partielle,
exposée encore à plusieurs chutes. Et quand ils auraient
même saisi une fois la pensée d'un entier anéantissement du mal, ils n'auraient pas pu la conserver, en ne
voyant autour d'eux que déchirement et antagonisme.
Celui dont le cœur ne peut pas s'élever à une entière
espérance est incapable de reconnaître par la pensée
l'entière harmonie du développement du monde. S'il ne
se contente pas d'une vue superficielle de la destination
de l'esprit humain, tantôt il espérera, tantôt il déses-
pérera, ou il sera même forcé de renoncer à cette idée.
Ce fut le cas du plus grand des anciens philosophes.
On ne peut pas méconnaître que la confiance que l'on a

acquise en ses forces et aux rapports de sa vie, l'unité
que l'on a introduite dans ses idées, la force de la volonté dont on éprouve les effets en soi-même, n'agissent
sur l'idée que l'on est porté à se faire de l'homme, du
monde et de leurs rapports à Dieu. Si nous devons admettre que dans l'antiquité l'humanité n'était pas encore pénétrée des puissants effets de la volonté qui fondèrent le christianisme et qui mirent en lui l'espérance
de la félicité éternelle, il faut en conclure que les systèmes philosophiques des anciens ne s'élevèrent pas à
une idée juste du monde, idée qui part de la conviction
que tout a été destiné par Dieu à une perfection absolue.

Nous avons déjà montré comment le défaut d'espérance des anciens a dû influer sur leurs doctrines de
Dieu et de ses rapports avec le monde. Là où il n'y a
pas une entière confiance en Dieu, il ne peut pas y
avoir non plus une idée juste de Dieu. On peut bien
parfois saisir la pensée que la force et l'essence de Dieu
pénètrent tout le monde et dirigent ses développements
sous tous les rapports, mais on ne la comprend jamais
d'une manière suivie. Aussi, contrairement à ce qu'ils
pensaient de plus juste sur Dieu, les anciens craignaient
ou imploraient l'action des puissances inférieures ou de
la force aveugle de la matière, qu'ils la considérassent
comme résidant en Dieu ou seulement comme la nécessité des choses. On voit par là quelle est la tâche de
la philosophie chrétienne. C'étaient précisément ces opi-

nions qui devaient tomber peu à peu devant l'action du
christianisme, et quiconque se représente l'influence
qu'elles avaient sur presque tous les plus hauts travaux
de la science, ne peut point se refuser à reconnaître que
la religion chrétienne a dû pousser la philosophie dans
une nouvelle voie de développement. Cependant, d'a-
près le cours naturel des choses, la manière de penser
et de sentir qui lui est propre ne s'introduisit que peu à
peu dans la philosophie, comme aussi elle ne modifia
que peu à peu la vie. Longtemps à côté d'elle purent exister dans la science des formes qui lui étaient étrangères.
L'opposition ne fut pas d'abord aperçue, et même l'ancienne manière de penser put, sous de nouvelles formes
scientifiques, persister à côté de celle qui était propre au
christianisme.

Si telle est la question à la solution de laquelle la
philosophie chrétienne, d'après l'idée que nous en
avons donnée, doit travailler, on ne peut s'empêcher
de reconnaître qu'elle n'a pas encore atteint son but,
précisément parce qu'elle n'est pas encore arrivée à sa
perfection. Nous croirions avoir fait beaucoup, si nous
pouvions dire que, dans son état actuel, elle est parvenue
à avoir une conscience claire de ce qu'elle doit produire.
On aurait alors du moins l'espérance qu'elle marcherait
d'un pas moins chancelant qu'elle ne l'a fait jusqu'ici.
Mais la grande difficulté, quand on cherche à se rendre
compte de la philosophie chrétienne, vient de ce qu'elle
n'est pas arrivée à sa fin et qu'on ne peut par consé-

quent la juger que d'après un fragment, que d'après ses commencements. La difficulté qu'on éprouve à porter sur elle un jugement, est encore compliquée par les écarts, les fluctuations et les errements qui ont traversé son développement, et par les influences étrangères qui, pendant la longue période de temps qu'elle a parcourue, ont tantôt aidé, tantôt retardé sa marche.

Nous ne partageons pas l'opinion de quelques écrivains qui, dans leurs considérations sur l'histoire de la philosophie, pensent que l'esprit humain n'est essentiellement destiné qu'à développer la philosophie. S'il en était ainsi, si nous ne devions considérer la marche de l'esprit humain que comme un progrès continu, il faudrait admettre que la philosophie aussi a dû se développer progressivement et sans trouble; on ne pourrait en effet concevoir les autres développements de l'esprit, dans la religion, les sciences, les arts, les mœurs, la vie sociale, etc., que dans un accord constant avec les progrès de la philosophie, puisqu'ils n'auraient pas d'autre fin que de servir à la pensée philosophique. Cependant nous voyons qu'à certaines époques le développement que prend un des côtés de notre vie domine les autres et même s'oppose à eux, et que plus tard, quand le penchant vers un côté a été satisfait jusqu'à un certain degré, les autres côtés prennent la prépondérance qui d'ailleurs ne peut pas leur manquer par suite du développement de l'un d'entre eux, toutes les parties de la culture humaine étant solidaires les unes des autres. Nous

devons donc reconnaître que, par suite de l'influence des
autres moyens de culture, la philosophie est tantôt en
arrière et tantôt en avant : quelquefois elle détermine la
marche du développement humain, mais en général
elle doit la suivre.

---

§ II. DU DÉVELOPPEMENT HISTORIQUE DE LA PHILOSOPHIE
CHRÉTIENNE.

Quand on considère le cours de l'histoire depuis Jésus-Christ jusqu'à nos jours, on trouve trois grands
groupes qui, déjà par leur forme extérieure, se distinguent si bien les uns des autres que personne ne peut se
refuser à les séparer.

La première époque tombe encore dans l'histoire ancienne ; en elle, en effet, l'esprit des peuples anciens,
quoique s'éteignant peu à peu, dirigea cependant en
général les événements, tandis que le sentiment chrétien
se tint d'abord dans l'ombre, et que s'il étendit bientôt
après son influence, ce fut en agissant plutôt intérieurement qu'extérieurement, c'est-à-dire, plutôt sur les
cœurs et les consciences que sur la marche politique de
la société. A ce premier moment succède la grande mi-
gration des peuples qui a transformé l'Europe ; dès lors
les peuples nouveaux marchent à la tête du mouvement.
Leur histoire se divise en deux parties : le moyen âge et
l'époque moderne. Dans ces deux périodes, en effet, ils
parcourent des degrés différents de leur développement.

L'histoire de la littérature en général et celle de la philosophie en particulier ne peuvent suivre exactement ces divisions de l'histoire politique. Mais il faut reconnaître que les grands développements qui s'accomplirent dans le monde politique eurent une influence marquée sur la marche de la philosophie et de la littérature. Il était dans l'ordre des choses que, dans la première période, la force matérielle qui brisa l'empire romain en Occident eût un effet destructeur sur les anciens travaux de l'esprit ; cependant la chute de l'Etat n'entraîna pas immédiatément avec elle la ruine de la littérature ancienne, qui lui survécut encore quelque temps. La première partie de notre histoire de la philosophie s'étendra donc plus loin que la première partie de l'histoire civile.

En suivant l'histoire des peuples nouveaux, nous voyons que les Etats qu'ils fondèrent se formèrent plus tôt que leur littérature et leurs sciences ; il ne pouvait pas en être autrement. Pour ces dernières, ils en empruntèrent la plus grande partie aux peuples anciens. Leur science fut une plante étrangère qui demandait du temps pour pousser des racines dans ce sol nouveau ; et ce furent principalement le christianisme et l'Eglise chrétienne qui préparèrent le terrain et y transportèrent cette plante. Ce ne fut pas une culture propre à ces peuples qui se produisit dans les sciences ; la science du moyen âge, prise dans sa généralité, n'est pas la science des peuples, mais la science de l'Eglise qui s'établit au sein de ces peuples. Quand plus tard, par suite de leur développement intérieur, une nouvelle époque se leva au milieu d'eux, elle dut naturellement s'annoncer dans la littérature avant de se faire jour dans l'organisation de l'Etat, et il faut reconnaître qu'avant que le moyen âge finît sous le rapport politique, la littérature nouvelle avait commencé à se former. Aussi, la seconde partie de l'histoire de la philosophie chrétienne se terminera plus tôt que la seconde partie de l'histoire politique, contrairement à ce qui a lieu pour la première partie ; la raison en est que ces deux parties ont des causes différentes : l'une est régie par une force extérieure, l'autre par un développement intérieur.

Dans cette comparaison de l'histoire politique et de l'histoire de la philosophie, il faut cependant se garder de prendre les mouvements politiques pour la cause des changements qui s'opèrent dans la manière de penser. La différence des peuples et de leurs développements politiques, au milieu desquels la philosophie se forme, exerce bien une influence décidée sur la marche de l'esprit ; mais la pensée philosophique, par le fait même qu'elle est destinée à être un bien commun à tous les hommes, a dans son mouvement essentiel un élément libre qui se dérobe aux influences étrangères, en tant que celles-ci ne dérivent que des rapports particuliers de la vie extérieure. Il en est tout autrement de l'action de la religion sur la philosophie : cette action atteint la tendance intérieure de la pensée. Si la philosophie moderne mérite le nom de chrétienne, son développement doit au fond dériver de l'influence de la religion chrétienne. Il faut donc considérer ici de nouveau cette influence.

Nous avons déjà fait remarquer que le christianisme rencontra chez les philosophes certains préjugés qu'il dut d'abord vaincre, avant de pouvoir prendre dans l'esprit humain une position incontestée de ce côté. Ces préjugés se rattachaient forcément à l'idée de Dieu et à la manière dont on doit se représenter son rapport avec le monde et avec les hommes. Aussi la philosophie chrétienne se jeta d'abord naturellement dans des recherches théologiques, et prit un caractère polémique. Parmi les Grecs et les Romains, comme aussi parmi les Orientaux, le christianisme trouva des idées scientifiques toutes faites sur Dieu et sur le monde. A ses premiers pas, quand il s'adressa surtout aux classes peu cultivées de la société, et qu'il n'eut besoin que d'en appeler au sentiment naturel qu'a tout homme de la vérité, il eut peu de démêlés avec la philosophie. Mais quand il commença à pénétrer dans des classes plus élevées, il entra en contact avec la philosophie et il dut combattre les préjugés qui lui étaient venus de la manière de penser propre aux anciens. Ce combat ne pouvait être entamé que du point de vue philosophique. Dès lors une philosophie chrétienne devenait nécessaire. Il s'écoula plusieurs siècles avant que cette lutte prît fin. Les oppositions se fondirent ensemble, et l'élément chrétien s'unit souvent à l'élément non chrétien en un impur mélange[1]. Ceci justifie l'opinion de plusieurs Pères de l'Eglise que la philosophie est la mère des hérésies. De là aussi les discussions qui, après que l'on eut établi en gros les doctrines qui distinguent le christianisme du paganisme, éclatèrent dans le sein de l'Eglise chrétienne. La principale affaire de cette première époque de la philosophie chrétienne fut de faire valoir le christianisme dans son action sur la doctrine scientifique contre la philosophie païenne, et d'établir ainsi la doctrine de l'Eglise. On peut aussi désigner cette partie de l'histoire de la philosophie chrétienne du nom de philosophie des Pères de l'Eglise. Ce qui la caractérise, c'est que, pour le contenu, elle s'applique aux idées théologiques qu'avait soulevées le christianisme, et, pour la forme, elle est polémique, et par conséquent fragmentaire. Les Pères de l'Eglise n'essayent pas d'établir avec quelque suite une exposition systématique ni de leur croyance ni de leur philosophie. On peut en trouver en partie la raison en ce que, quand le christianisme commença d'agir activement dans le champ de la science, la tendance à coordonner et à lier en un tout les idées scientifiques et à les opposer systématiquement n'existait presque plus chez les peuples anciens.

Si nous entrons dans les détails, nous trouvons qu'on pourrait faire à l'opinion que nous avançons sur la forme de la première philosophie chrétienne une objec-

---

[1] Voyez la note V.

tion prise des systèmes gnostiques qui sont le commencement de la philosophie chrétienne. On remarque, en effet, dans cette théosophie mystique et fantastique, un certain travail de systématisation, et cet effort d'enchaînement systématique devait se faire bien mieux voir dans l'enseignement des gnostiques et dans leurs ouvrages complets que dans les fragments qui nous en restent. Leurs doctrines ont bien évidemment un caractère polémique ; cependant il paraît que leur dessein était d'agir sur les esprits plutôt en leur présentant un ensemble lié de conceptions, et en leur procurant la satisfaction qu'on éprouve à la vue d'un système complet, qu'en s'élevant contre les hypothèses des philosophes et des théologiens ; c'est du moins ce qu'on peut admettre pour ceux d'entre eux qui ont le plus de valeur philosophique, par exemple pour Basilide et pour les Valentiniens. Malgré ces observations, il ne faut pas s'attendre à les voir procéder d'une manière véritablement systématique. L'imagination, qui domine chez eux, et qu'on ne peut méconnaître dans leurs mythes, ne leur permettait pas de rattacher, par un lien logique, serré, leurs divers éléments philosophiques, et les disposait à se contenter d'une liaison arbitraire entre leurs doctrines. D'ailleurs, on ne peut regarder les gnostiques que comme la transition de la pensée gréco-orientale à la philosophie chrétienne proprement dite, dont il est impossible de retrouver le pur caractère dans le mélange qu'ils font de l'élément chrétien avec l'élément païen ou l'élément juif. Cette philosophie de transition pouvait assez facilement se prêter à une forme systématique.

En outre de ces systèmes de transition, il y a dans cette époque deux groupes de recherches philosophiques, dont l'un a pour affaire principale de combattre les opinions philosophiques des païens, comme aussi celles des gnostiques et de tous les autres partis dans lesquels se trouvait quelque élément non chrétien, et dont l'autre se propose de faire disparaître par la polémique les différences d'opinions et les divisions soulevées dans l'Eglise chrétienne, ou du moins de fixer les croyances. Dans le premier, la lutte porta sur les doctrines fondamentales du christianisme, c'est-à-dire sur ce qui le distingue des précédentes manières de penser. Dans le second, la discussion s'établit surtout sur les différences qui avaient été introduites par le christianisme dans la considération philosophique des choses, et dont l'exposition scientifique devait s'épurer peu à peu en passant par diverses oppositions extérieures. Ces deux groupes ne se distinguent toutefois que par la prédominance de l'une ou de l'autre de leurs parties. Le premier se compose principalement des Pères grecs, et le second des Pères latins. Ils n'appartiennent pas au même temps, car naturellement la lutte qui avait pour but d'établir quelles sont les doctrines distinctives dut précéder celle qui s'engagea sur les vues opposées qui se manifestèrent dans le sein de l'Eglise chrétienne.

Ce qui se présente d'abord dans la littérature des

Pères de l'Eglise, ce sont les apologies pour les chrétiens et pour le christianisme. On dut déjà y prendre en considération les doctrines philosophiques à un point de vue polémique. Nous y trouvons aussi les commencements de la lutte des chrétiens contre les gnostiques, comme aussi une manière de traiter les questions philosophiques qui n'était pas éloignée de s'approprier l'ancienne philosophie grecque, en s'efforçant cependant de l'appliquer dans un sens chrétien. Aux apologistes se rattache l'école des théologiens alexandrins, parmi lesquels brille surtout Origène. On pourrait, par rapport à ce Père, nous adresser le même reproche que par rapport aux gnostiques ; car, dans son ouvrage *Sur les principes*, il tend à une forme systématique. Mais on peut répondre à cette objection par les mêmes observations que nous avons déjà présentées à propos des gnostiques. Dans cet ouvrage, l'imagination domine plus que le raisonnement, et dans les termes intermédiaires se trouvent aussi des principes non chrétiens. Aussi cet écrit de la jeunesse d'Origène est un de ceux contre lesquels se sont élevés le plus les docteurs chrétiens. D'ailleurs, il ne faut pas tout prendre dans un sens aussi positif que les expressions dont il se sert sembleraient le donner à entendre ; car, quand on écrit en opposition à des hommes qui pensent autrement, ce qui est douteux prend d'ordinaire une forme affirmative. Origène lui-même, dans un âge plus avancé, reconnut qu'il n'avait pas toutes les opinions avancées dans cet ouvrage. Il ne

l'avait composé que pour essayer d'arranger les doctrines dans un rapport systématique ; cet essai n'était
que pour lui ; il n'avait pas été destiné à la publicité, et
il ne répondait pas, du moins dans toutes ses parties,
aux désirs et au but de son auteur. Origène n'eut ni le
temps, ni un assez vif désir d'en tenter un second, car
l'occasion ne lui aurait certainement pas manqué, s'il
avait senti fortement le besoin de l'entreprendre.

Si l'on peut dire du premier temps de la philosophie
chrétienne qui comprend les travaux des gnostiques,
des apologistes et des premiers Pères alexandrins, que
ce qu'il y avait en elle de coordination philosophique
était plus du côté du non-chrétien que du chrétien, il
n'en est plus de même, pour l'essentiel, dans l'époque
suivante. Les hérésies d'une partie du quatrième siècle
et celles du siècle suivant sortirent, au fond, moins
d'opinions philosophiques que les hérésies précédentes,
quoique naturellement les armes employées dans la discussion fussent empruntées en partie à la dialectique
des philosophes. La doctrine chrétienne revêtit au contraire une forme beaucoup plus philosophique. Parmi
les Pères de l'Eglise de cette époque, saint Augustin se
distingue le plus par son esprit philosophique. Cet
homme remarquable par la force et la facilité de son
intelligence, et par la largeur avec laquelle il considérait l'ensemble de la vie ecclésiastique et de la science,
aurait été plus capable qu'aucun autre d'esquisser un
système, sinon de philosophie chrétienne, du moins de

théologie. Cependant il ne le fit pas, parce qu'il ne considérait pas la science en elle-même, mais seulement comme une partie de la vie chrétienne. Aussi il ne développa sa philosophie que fragmentairement, et d'ordinaire sous une forme polémique. A côté de lui et après lui, il n'est personne qui puisse, pour l'esprit philosophique, lui être comparé, même de bien loin. La philosophie chrétienne se soutint encore quelque temps chez les peuples anciens. On peut la suivre jusqu'au huitième siècle; mais alors ses travaux deviennent si insignifiants qu'on ne peut plus en tenir compte pour le but que nous nous proposons dans notre histoire. Ce qu'il y a de plus remarquable dans les dernières apparitions de la philosophie chrétienne chez les peuples anciens, c'est le penchant de plus en plus prononcé pour la philosophie aristotélicienne.

Nous avons déjà dit que la science au moyen âge fut une science de l'Eglise; c'est dire par là que dans la philosophie la tendance théologique resta dominante. Mais chez les peuples nouveaux, et au milieu de rapports différents, elle prit une autre forme que celle qu'elle avait eue dans le moment précédent. Le christianisme ne trouva pas ici une culture scientifique déjà faite, et par conséquent des idées contre lesquelles il eut besoin d'entamer une polémique. Ce qu'il y avait au contraire à faire chez eux, c'était d'adoucir et de discipliner la grossièreté des guerriers, l'esprit et les mœurs dégénérés des vainqueurs; et c'était là l'affaire, non de doctrines et de la science, mais de l'éducation, de la règle et d'une solide organisation dans la vie sociale. Aussi, au moyen âge, l'Eglise chrétienne se forma en une institution d'éducation; elle devint une puissance hiérarchique. Mais comme les institutions de l'Eglise reposaient sur les dogmes ecclésiastiques, et que ces dogmes s'étaient formés avec la philosophie chrétienne, il resta même alors un germe de philosophie chrétienne. Les sources où on la puisa furent principalement les écrits des Pères latins, surtout ceux d'Augustin. C'est cette philosophie que nous nommons la scolastique. Ce nom, quelle qu'ait pu être son origine, est tout à fait convenable; car ce fut par la tradition des écoles que se développa et se propagea cette philosophie aux formes raides et tranchées, philosophie qui, par ce caractère, est en harmonie avec les institutions arrêtées de la vie ecclésiastique et hiérarchique.

On a discuté sur l'idée et sur l'étendue de cette philosophie. Pour nous, ce mot désigne tous les développements de la philosophie qui se sont accomplis au milieu des peuples nouveaux, pendant tout le temps que leur culture scientifique fut essentiellement liée aux doctrines et aux besoins de l'Eglise chrétienne. Vers la fin du moyen âge elle abandonna en partie et peu à peu cette voie. Mais elle ne disparut pas avec lui, quoiqu'elle ne fût plus vivante, et que, vers la fin de cette époque, la philosophie prît des développements d'un caractère différent.

La scolastique se distingua par sa forme de la philosophie des Pères. Se rattachant aux dogmes de l'Eglise, elle chercha à prendre une forme dogmatique et systématique. L'instinct scientifique encore jeune des peuples nouveaux dut contribuer pour sa part à ce besoin de coordonner en un tout les idées reçues. Mais il y avait de puissants obstacles aux efforts de systématisation de ce temps. Une de ces difficultés se trouvait dans le défaut de sens pour l'exposition artistique ; car, au moyen âge, plus l'Eglise prit une position presque ennemie vis-à-vis de l'Etat et de la vie du monde, plus la science se sépara de l'art qui lui est le plus voisin, de la poésie. Il y avait à cette époque défaut d'unité dans les efforts et dans la culture spirituelle. Le clergé était tout à fait séparé des laïques, et tandis que chez ceux-ci se formait une poésie chevaleresque, les clercs se livraient exclusivement à la culture scientifique. Et ce qui creusait encore cet abîme, c'était l'usage de deux langues différentes, l'une affectée à la poésie et l'autre à la science. Le clergé avait hérité, avec les dogmes de l'Eglise et les traditions scientifiques qui s'y rattachaient, de la langue latine, comme moyen de les exposer, tandis que les laïques conservaient dans la langue populaire les anciennes traditions de la vie nationale, et cherchaient à exprimer avec elle leur vie spirituelle. Comme par suite des nouveaux rapports au milieu desquels vivait le clergé, la science prit de nouvelles formes, il fallut aussi de nouvelles formes de langage. Le latin, arraché à son sol natal, n'avait plus en lui-même un principe de vie et de développement : aussi il se forma chez les scolastiques et en général dans le cercle des affaires ecclésiastiques un langage d'autant plus barbare qu'il y avait moins de goût dans ces hommes étrangers à la culture de la poésie. Pour toute exposition scientifique, comme d'ailleurs pour toute exposition, il faut de l'art et en particulier une certaine habileté à manier la langue. Il est difficile au philosophe, qui est peu exercé à écrire, de développer ses doctrines générales d'une manière saisissable, et en même temps de donner à leur exposition une liaison organique ; car, par la communication, la pensée paraît au dehors et, pour se montrer comme un tout bien lié, elle doit tendre à l'harmonie, et par conséquent à la beauté extérieure. Aussi la philosophie scolastique n'offre qu'un enseignement sec et peu saisissant, et malgré tous ses efforts pour former un ensemble systématique, elle expose ses idées sans goût et sans ordre, défaut qui a peut-être le plus contribué, de nos jours, à détourner de son étude. Elle chercha à remplacer par la dialectique l'habileté artistique qui lui manquait, et elle trouva pour cela la syllogistique aristotélicienne. L'usage qu'on fit de cet instrument dialectique est une preuve du désir qu'on avait alors de systématiser. Mais, par son emploi, la philosophie ne gagna qu'une raideur de forme peu propre à favoriser le développement vivant de la pensée, qui aurait eu besoin d'un vêtement plus souple.

Un autre obstacle qui empêchait la scolastique d'arriver à une forme systématique, c'est le peu d'étendue du cercle de sa science. Quelque profondément que l'élément religieux de l'esprit humain pénètre toute notre vie, ce n'est cependant là qu'un côté de la vie spirituelle, et la philosophie a des rapports nécessaires avec tous ses côtés. Aussi on ne peut pas s'attendre à ce qu'une philosophie qui ne suit que la direction théologique, puisse arriver à exposer d'une manière satisfaisante l'ensemble de la science, comme doit pouvoir le faire la philosophie.

Il suit de ce que nous avons dit que les deux premières parties de la philosophie chrétienne, que nous avons distinguées l'une de l'autre, ont cependant au fond la même tendance. La philosophie des Pères et la scolastique diffèrent seulement en ce que l'une expose ses doctrines d'une manière fragmentaire, et l'autre d'une manière plus systématique. Cette différence de forme n'a sa raison que dans les circonstances diverses au milieu desquelles l'une et l'autre se formèrent. Ce n'est pas là ce qui fait leur nature propre; elle est plutôt dans leur tendance commune vers la théologie. Nous pouvons donc les considérer comme deux degrés du développement de la même direction. Si l'on voulait objecter que la scolastique n'est pas simplement la pensée chrétienne, mais qu'elle repose aussi sur le système aristotélicien, nous répondrions que ce qu'elle tient de la doctrine aristotélicienne ne lui est pas essentiel. C'est ce que prouve ce fait que les scolastiques antérieurs au treizième siècle n'ont pas plus de rapports avec Aristote que les Pères du sixième siècle ; et de plus si l'on faisait consister le caractère de la scolastique dans l'influence d'Aristote, il faudrait placer son commencement ou plus tôt ou plus tard que ne l'indique la nature des choses. D'ailleurs, l'influence du philosophe grec ne pénètre pas très profondément la philosophie du moyen âge. Les scolastiques connaissaient peu le véritable sens de la philosophie aristotélicienne, et ils ne purent pas se l'approprier. Nous pouvons donc regarder comme formant une seule période les deux premières parties de la philosophie chrétienne.

Reconnaissant ce qu'il y a de semblable dans ces deux parties, on a cru pouvoir caractériser cette période, en disant que la philosophié fut alors au service de l'Eglise. Cette désignation nous paraît aussi fausse que peu convenable. Elle n'est pas convenable, car, entendue dans le sens rigoureux des mots, elle renferme une contradiction. La philosophie ne peut en effet être au service que du but scientifique qu'elle a en elle-même. Quiconque chercherait autre chose que la vérité ne serait pas un philososophe, mais un sophiste ; et celui qui connaît les travaux des Pères de l'Eglise et des scolastiques ne peut pas les traiter de sophistes, quelque peu de goût qu'il ait pour leur tendance[1]. On peut bien accorder que, parfois, à leurs recherches philosophiques il s'est

[1] TENNEMANN, *Histoire de la philosophie*, t. VIII, p. 29.

joint des manières sophistiques de prouver certaines doctrines ecclésiastiques ou certaines opinions de leurs temps ; mais à toutes les époques il en est arrivé de même à la philosophie ainsi qu'à toutes les autres sciences.

Cette désignation nous paraît fausse, parce qu'elle laisse percer l'opinion que la religion ou la théologie chrétienne aurait limité ou égaré le travail philosophique, et c'est ce qu'on ne peut pas dire de tous les moments de cette période. La doctrine chrétienne n'a pas été ici la cause de la philosophie, et la philosophie n'a pas été à son service ; car la doctrine chrétienne pouvait exister sans philosophie, et c'est ce qu'elle a fait en plus d'un lieu et en plusieurs temps. La cause de la philosophie, dans cette époque, comme dans toutes les autres, est le désir d'une connaissance philosophique ; et ce n'est que là où la culture s'était élevée au point de sentir ce désir, que la philosophie s'est jointe au christianisme. Il arriva alors ce qui arrive toujours : la réflexion philosophique se porta sur ce qui offrait le plus d'intérêt. Dans les temps dont nous parlons, l'intérêt qui excita le travail philosophique était dans la foi chrétienne, et il n'y avait là rien qui limitât ou égarât la philosophie. Il est vrai qu'il n'en résulta qu'une philosophie bornée. Mais ce n'était pas la faute du christianisme, c'était celle du peu d'intérêt qu'offraient les autres objets. Si l'instinct philosophique avait été plus vif et plus général, la philosophie n'aurait pas été dirigée seulement par les idées qui étaient en un étroit rapport avec le christianisme, elle se serait ouvert d'autres voies. Bien loin donc de prétendre que la philosophie fût alors l'esclave de la religion, on peut dire qu'elle est redevable de son existence au christianisme, qui sut inspirer, à une époque qui n'avait guère de capacité pour les sciences, un intérêt assez puissant pour la pousser à la philosophie. On peut présenter la philosophie de ce temps comme l'élève de la théologie.

On nous opposera que certaines vues exclusives de la théologie, provenant en partie d'une fausse interprétation de la tradition et devenues plus tard les principes de l'Eglise, ont exercé une influence fâcheuse sur les Pères et sur les scolastiques. C'est là en effet le côté, mais c'est le seul, par lequel peut se justifier le reproche adressé à la philosophie de cette époque d'avoir été au service de la théologie. Cependant, pour se faire une idée de cette influence, il faut distinguer les temps. Il est évident que les limites que la doctrine ecclésiastique a imposées à la philosophie ne pouvaient pas être bien considérables dans les premiers moments du christianisme, puisqu'alors il n'était pas encore question d'une doctrine arrêtée; le sens des idées fondamentales auxquelles l'on ramena plus tard la dogmatique, était encore indécis et flottant; même le respect pour l'Ecriture sainte, son étendue, son usage avaient besoin d'être mieux établis. Les règles de l'interprétation ne pouvaient être qu'in-

certaines à une époque où l'on manquait avant tout de
critique; et comme l'Ecriture sainte n'est dogmatique,
ni dans ses expressions, ni dans son mode d'exposition,
et qu'on peut, si l'on n'y apporte le plus grand soin, si
l'on ne procède avec prudence, y trouver, ce qu'on y
a trouvé en effet, les doctrines les plus contraires, il est
clair qu'à ce moment la liberté des recherches n'a pas
pu être limitée par les doctrines ecclésiastiques. Ceux qui
formèrent la doctrine ecclésiastique ne purent dans leurs
travaux éprouver d'autre dérangement que celui qui,
d'ailleurs, se présente partout à la philosophie, quand
des doctrines, précédemment bien établies, et l'accepta-
tion de certains principes auxquels on n'ose rien objecter,
parce qu'ils sont trop profondément implantés dans la
culture intellectuelle du temps avec laquelle ils ont
grandi, empêchent la liberté des recherches et sont un
obstacle au développement. Mais, dans ce cas, la faute en
est toujours à la faiblesse de la pensée. Si elle avait assez
de puissance, elle briserait bientôt de semblables barrières, et il ne faut pour cela d'autre force que celle du
travail philosophique. Cette puissance pouvait-elle être
nulle dans des hommes comme Origène et Augustin?
Aussi ce furent ces hommes qui contribuèrent le plus à
la formation de la dogmatique, et ils ne pouvaient être
poussés à ce travail que par un vif intérêt pour la
science. En eux la doctrine chrétienne et la philosophie
marchaient unies, et ce fut cette union qui contribua
aux progrès de l'une et de l'autre. En eux, elles ne se

limitèrent donc pas réciproquement. Ils avaient fait l'expérience de la valeur de la réflexion philosophique ; ils
ne pouvaient pas vouloir arrêter son essor. S'ils ratta-
chèrent leur philosophie à la révélation chrétienne, c'est
qu'ils pensaient qu'avant tout la philosophie était destinée à expliquer ce qu'ils sentaient intérieurement en
eux-mêmes comme la puissance de la foi et du sentiment chrétien. Plus tard, il est vrai, la fixation de l'enseignement dogmatique ne permit plus qu'une certaine norme d'exposition ; mais il ne s'ensuivit pas, du
moins aussitôt, l'obligation pour le travail philosophique de s'en tenir à des résultats inévitables, car il n'est
pas de formule choisie avec le plus de soin qui soit
capable d'enchaîner l'esprit. Quand il ne peut se déta-
cher de la formule, il sait s'ouvrir une voie libre dans
les différentes interprétations qu'il en cherche. Dans les
premiers temps de la scolastique, il y avait une liberté
d'opinion d'autant plus grande que, dans l'absence de
tout art certain d'interprétation, le sens profond des formules permettait différentes explications. Du moins,
l'esprit audacieux d'un Jean Scot Erigène se joua assez
librement des formules ; Abélard ne se laissa pas non plus
lier par elles ; et si Anselme et les Victorins s'efforcèrent de s'attacher fidèlement à la doctrine de l'Eglise,
les directions différentes dans lesquelles ces hommes
travaillèrent, montrent qu'ils savaient encore se mou-
voir librement dans le cercle tracé autour d'eux. Mais
quand les formules de l'Eglise eurent été plus préci-

sées , quand en particulier l'ouvrage de Pierre Lombard eut acquis une autorité décisive , il ne resta plus à l'activité philosophique qu'une route toute tracée. Il arriva ici ce qui a lieu dans toutes les autres choses humaines. Les coutumes et les opinions qui, au commencement, se forment tout naturellement par suite du développement spirituel, deviennent, quand les développements de la vie rationnelle s'arrêtent, des lois qui lient et enchaînent le principe du progrès qui est dans la raison , ou occasionnent une lutte entre les mœurs anciennes et les préjugés d'un côté , et de l'autre ce principe qui se manifeste d'ordinaire d'une manière impétueuse et révolutionnaire. Il y eut dans les sciences une lutte de ce genre à la fin du moyen âge, quand l'examen et les recherches, se tournant d'un autre côté, durent se sentir gênés par la foi ecclésiastique. Mais l'on a tort de croire qu'il en fut ainsi pendant tout le moyen âge : ce serait étendre à l'ensemble ce qui ne distingue qu'une petite partie de cette époque. Même dans le treizième siècle , quand la théologie scolastique revêtit ses plus grandes formes dans les systèmes d'un Thomas d'Aquin, d'un Bonaventure, d'un Duns Scot, nous trouvons très peu de traces de cette gêne qui aurait dû se montrer dans les travaux philosophiques. On suivait encore la direction dans laquelle la doctrine ecclésiastique s'était formée, et il y avait, à ce qu'il semble, un champ libre au développement. Quoique les points principaux fussent regardés comme fixés , on avait. assez de liberté pour les recher-

ches, soit dans une vie contemplative, soit dans un travail qui se proposait pour but de faire disparaître les
différences entre la philosophie aristotélicienne et la
théologie chrétienne. Plus tard, il est vrai, il s'établit
entre la théologie et la philosophie un rapport gênant ;
mais on trouva un moyen, ou du moins on s'en servit
plus largement qu'auparavant, pour adoucir la lutte
qui devait s'engager entre elles, et pour sauver la liberté de la pensée. Ce moyen fut l'emploi du principe
que ce qui est faux en théologie pourrait bien être vrai
en philosophie. Ce principe est la preuve évidente de la
séparation des deux éléments de la culture scientifique
précédente. Il retardait en même temps la lutte qui
s'approchait et devait inévitablement éclater bientôt.

On ne peut pas exposer une si grande masse de ma-
tières historiques que celle que nous offre la philosophie des scolastiques, sans chercher les points de développement qui donnent les divisions de l'ensemble.
L'attention s'est principalement portée sur deux moments distincts et fort remarquables dans l'histoire de
cette époque, et on a établi d'après eux une division :
nous voulons parler de l'influence d'Aristote et de la
lutte du Nominalisme et du Réalisme. Mais il nous semble qu'on ne les a pas considérés sous leur véritable
jour, pour pouvoir en tirer des données fécondes. Tie-
demann [1], en posant comme le trait caractéristique de la
scolastique l'influence de la métaphysique aristotéli-

---

[1] *Esprit de la philosophie spéculative*, t. IV, p. 338 et suivantes.

cienne, a défiguré en fait l'idée de la philosophie du moyen âge. On ne peut en effet méconnaître que, dans leurs opinions philosophiques, les scolastiques subissent souvent l'influence d'Aristote; mais ils dépendent beaucoup moins de lui que des Pères de l'Eglise et en particulier d'Augustin. Ils dépendent des Pères de l'Eglise pour le fond et pour la tendance, qui est la même pour toute la première période de la philosophie chrétienne, tandis que l'aristotélisme ne porte que sur la forme extérieure. On peut s'en convaincre aisément en comparant la véritable philosophie d'Aristote avec ce qu'on prenait pour elle au moyen âge : il est difficile de trouver quelque chose de plus différent. Les scolastiques les plus remarquables pouvaient bien croire possible la conciliation de la théorie de la réalité des idées et de l'aristotélisme, mais en général on n'emprunta à Aristote que quelques idées qui servirent de règles et de guides, que quelques principes, quelques notions, en particulier celles de la forme et de la matière, et encore en les modifiant souvent, et en les prenant tantôt dans un sens et tantôt dans un autre. Les recherches soulevées par là eurent pour le moins autant d'influence sur la formation de la philosophie scolastique; et ce n'est pas aller trop loin que de soutenir que la connaissance que les scolastiques eurent de la métaphysique d'Aristote donna plus de puissance et plus d'étendue aux efforts qu'ils faisaient pour coordonner systématiquement leurs doctrines.

Si l'on se représente l'état des sciences dans le moyen âge, on voit facilement que les efforts que firent les scolastiques pour systématiser leurs idées ne purent se développer que sous des conditions très défavorables. Un rayon de lumière scientifique était tombé dans la masse grossière des peuples nouveaux par la culture qui se rattachait au christianisme. Mais ce rayon n'éclaira pas tous les objets : il ne jeta quelque jour que sur ceux qui étaient dans un étroit rapport avec le christianisme et les institutions ecclésiastiques. Il ne fut pas reçu par toutes les classes des peuples chrétiens, mais seulement par une classe très petite par rapport à toutes les autres, par le clergé ; en dehors de ces objets et de cette classe restreinte d'hommes, il règne une nuit qui ne permet pas d'estimer bien les rapports de ce qui est éclairé à tout ce qui l'entoure. On ne peut pas attendre que, dans des circonstances semblables, les objets de la science de ce temps puissent avoir entre eux une liaison bien établie ; leurs rapports essentiels devaient rester cachés. Aussi, les esprits qui désiraient donner une liaison systématique à leurs doctrines durent accepter facilement une forme donnée, et c'est cette forme qu'offrit la philosophie aristotélicienne. Il ne faut pas s'étonner qu'elle fût saisie avec ardeur, ce qui serait étonnant, c'est qu'en la saisissant on ne se fût pas attaché à elle plus qu'extérieurement.

Si telle est la peinture fidèle de l'état de la philosophie au moyen âge, il s'ensuit que la connaissance de la philosophie d'Aristote exerça une grande influence sur la formation de la science des scolastiques, mais qu'elle ne dirigea pas son développement, et qu'elle en fut encore moins la cause; car la tendance à une forme scientifique ne vint pas de cette connaissance, mais au contraire l'amour que l'on eut pour la philosophie d'Aristote naquit du désir des scolastiques d'arriver à une forme scientifique.

Nous pouvons encore moins être d'accord avec Tennemann[1], qui prend pour base de la division de la scolastique la dispute entre les nominalistes et les réalistes. Déjà la forme sous laquelle se présente cette division fait naître quelques doutes. La première période, qui va jusqu'à Roscellin, est représentée comme la domination d'un aveugle réalisme. Avec Roscellin la discussion entre le réalisme et le nominalisme s'engage et continue dans une seconde période qui finit par la défaite du nominalisme. Dans une troisième, le réalisme domine sans partage. Enfin, dans une quatrième, le nominalisme s'élève de nouveau, avec Guillaume Occam, contre le réalisme et l'emporte sur lui. Il faut avouer que cette apparition et puis cette défaite du nominalisme, qui renaît ensuite plus puissant, forme une trop singulière marche de développement pour que nous puissions prendre cette idée pour le pivot de cette partie de l'histoire. D'ailleurs, il faut remarquer que Roscellin et les autres nominalistes de la seconde période

[1] TENNEMANN, *Histoire de la philosophie*, t. VIII, p. 38 et suiv.

sont des hommes presque inconnus, ou du moins très
insignifiants et ayant eu peu d'influence sur le développement de la scolastique[1], et que même dans la première
période le nominalisme n'a pas été nul. Dans tous les
temps il a été le point de discussion des écoles dialecti-
ques, et il était caché au fond même de la scolastique,
quoique n'exerçant aucune influence sur la théologie
philosophique, jusqu'à ce que Roscellin lui donna une
valeur plus haute, quoique passagère, en l'appliquant
à la doctrine de la Trinité. Ceci étant établi, les trois
premières époques de Tennemann se fondent en une
seule, et la division entière disparaît dès que l'on admet, ce que Tennemann accorde, que la connaissance
de la métaphysique d'Aristote produisit un développement nouveau dans la philosophie du moyen âge. Cependant, nous ne voulons pas nier par là que le développement postérieur du nominalisme n'ait introduit une
nouvelle manière de philosopher parmi les scolastiques.

Nous voyons bien là deux points de développement,
mais la base de la division doit être cherchée autre part.
On ne peut la trouver que dans l'idée même de la scolastique. Si son développement essentiel consiste dans
l'effort qu'elle fit pour lier systématiquement les idées
théologiques, il faut rechercher d'abord ce qui favo-
risa, comme aussi ce qui contraria cet effort. Or ce
travail réussit par l'influence de la métaphysique aristoté-

---

[1] Nous supposons ici qu'Abélard a été mis à tort au nombre des nominalistes.

licienne ; il échoua par suite de la dispute entre les nominalistes et les réalistes. Il est vrai que, au commencement de la scolastique, le désir de systématiser se fait
déjà sentir visiblement. La forme systématique de la
division que nous trouvons chez Jean Scot Erigène, et
la marche serrée de la démonstration d'Anselme, furent
à peine égalées dans les temps suivants. Mais ces efforts
des premiers temps de la scolastique ne s'étendent pas
sur l'ensemble de la spéculation théologique, ils ne portent que sur des points particuliers. Aussi nous comprenons dans la première période de la scolastique ces doctrines qui annoncent dans des points isolés l'esprit
systématique de leurs auteurs, et qui, passablement par-
ticularisées, sont à côté les unes des autres sans qu'aucun lien commun se montre pour les unir. Cependant
on peut remarquer qu'elles commencent peu à peu à se
rapprocher et à s'enchaîner, et que par là se prépare
pour la philosophie un moment dans lequel on saisit
l'ensemble de toutes les recherches philosophiques dans
le champ entier de la théologie.

C'est ce qui arriva quand, dans le treizième siècle,
les scolastiques se jetèrent avec ardeur sur la philosophie aristotélicienne. Nous avons déjà dit qu'ils ne la
saisirent pas dans sa pureté. Ils ne purent aussi la connaître qu'au moyen de secours peu exacts. Il faut savoir jusqu'à un certain point ce que furent ces secours,
et en particulier ce que fut la philosophie arabe, si l'on
veut pouvoir juger l'effet de la philosophie aristotéli-

cienne sur la scolastique. Et c'est là le seul épisode à
intercaler dans l'histoire de la philosophie chrétienne.
La seconde période embrasse alors les principaux développements du travail de systématisation. C'est ici
que se déploie l'opposition des doctrines de Thomas
d'Aquin et de Duns Scot, qui ensuite sont toutes les
deux en opposition, mais d'une autre manière, avec la
doctrine de Bonaventure. Déjà dans ces oppositions se
trouve la cause de la décadence prochaine de la scolastique, décadence qui est préparée par les disputes
d'école des thomistes et des scotistes. Ce déclin s'annonce d'une manière plus prononcée dans les discussions des nominalistes et des réalistes qui firent dégénérer en polémique le travail de systématisation des
scolastiques. Cette décadence forme la troisième période
de l'histoire de cette philosophie.

D'après ses propres opinions philosophiques, Tennemann est porté à considérer le développement du nominalisme comme un progrès dans la scolastique. Mais,
dans cette manière de voir, il est assez difficile d'expliquer comment le déclin et la chute de la scolastique
ont pu être les conséquences de son progrès. Ce n'est
pas une ruine violente qui l'entraîna ; elle tomba d'elle-
même en dissolution ; elle était morte avant d'être com-
battue. En considérant l'essence même du nominalisme
tel qu'il se développa dans les doctrines de Guillaume
Durand de Saint-Pourçain, et de Guillaume Occam,
on voit que ce n'est qu'une espèce particulière d'empi-

risme. Or, l'empirisme était contraire à la méthode dé-
monstrative dans laquelle les scolastiques développèrent
leurs systèmes et au but théologique de leur science ;
aussi devait-il, quoique les nominalistes n'en eussent
pas conscience, détruire leur travail systématique. A
cela se joignit, en opposition aux discussions de l'école
qui se multiplièrent de plus en plus, un mysticisme qui,
s'attachant aux doctrines déjà établies, se proposa principalement pour but la pratique. Par ces tendances contraires, le travail de systématisation fut de plus en plus
entravé dans sa marche, ou ne resta que comme une
tradition sans vie des temps passés[1].

Avec l'époque qu'on désigne dans l'histoire de la littérature sous le nom de la Renaissance, commence une
nouvelle formation pour la philosophie. On peut se la
représenter comme en opposition avec la première période de la philosophie chrétienne. En général, dans son
développement, la nouvelle littérature se posa en ennemie de la scolastique, et par là aussi de la littérature
des Pères de l'Eglise. On en a une preuve dans le nom
même de Renaissance qu'on donna à cette époque,
comme si auparavant toutes les sciences avaient été
perdues, et qu'on ne voulût point reconnaître pour
sciences celles qui avaient fleuri au moyen âge. Mais
les choses n'allaient pas auparavant aussi mal qu'on le
pensa alors. Il y avait une science, quoique différente

[1] Voir la note VI.

de celle qu'on chercha à cette époque. Elle était auparavant théologique; en ce moment, on se livra à des travaux ayant pour but d'expliquer la variété des phénomènes du monde.

Examinons, par rapport à la philosophie, cette opposition qui naturellement n'est pas plus absolue que toutes les autres qu'on rencontre dans l'histoire.

Nous pouvons distinguer dans la philosophie deux directions. La réflexion philosophique peut se porter sur Dieu, auteur, conservateur, directeur de tout ce qui existe, ou elle peut s'occuper de préférence du monde dont elle étudie les phénomènes dans leurs détails, leurs rapports, leurs causes et leurs effets.

La philosophie, en cherchant la cause des choses, doit se tourner vers l'idée de Dieu, comme vers ce qui peut nous représenter l'unique cause de ce qui est; mais elle a aussi à faire avec le monde, puisqu'elle cherche à connaître ce qu'il signifie, comment il est, et comment il devient, pourquoi il est, et pourquoi il devient. On ne peut pas, il est vrai, suivre une de ces deux directions d'une manière exclusive et tout à fait indépendante de l'autre, puisque Dieu ne peut se faire connaître à nous que dans le monde et le monde qu'en Dieu, mais une de ces deux tendances peut dominer. Ainsi, nous avons vu que, par suite des circonstances au milieu desquelles elle se développa, la première période de la philosophie chrétienne suivit la tendance théologique. C'était là quelque chose d'exclusif dans le mouvement de la pensée : pour arriver à un développement entier et complet, elle devait diriger son attention sur la tendance contraire.

Maintenant deux cas étaient possibles : après la tendance théologique exclusive, on pouvait, dans un développement complet de la philosophie, unir les deux tendances en une seule ; ou la philosophie pouvait rester exclusive et la tendance vers l'étude du monde phénoménal prendre le dessus sur la théologique. Quiconque connaît la manière dont la nature humaine se développe voit bien que le premier cas n'était pas vraisemblable, qu'il n'était pas même possible. Dans notre condition humaine, ce qui domine, c'est la loi de l'oscillation. Dès qu'on s'est écarté du centre d'où l'on peut embrasser tout l'ensemble et qu'on est allé à un extrême, on ne le quitte, quand la tendance vers l'autre côté se manifeste, que pour tomber dans l'extrême contraire, en s'éloignant du centre, dans le sens opposé, d'une égale distance. Aussi, on ne pourrait pas espérer de trouver la voie convenable, s'il n'y avait pas une autre loi qui tend à fondre les tendances extrêmes et à diriger notre regard sur le centre de la vérité. On peut donc admettre qu'à une période dont la tendance est exclusivement théologique, en succédera une autre dont les recherches se dirigeront vers le monde et la variété phénoménale.

Ce que nous fait présumer à l'avance la connaissance que nous avons de la vie humaine s'est en effet réalisé.

Nous avons déjà fait observer que le nom de Renaissance, sous lequel on désigna le commencement de la littérature moderne, annonce non-seulement une prédilection exclusive pour elle-même, prédilection dont on ne peut se dépouiller en aucun temps, mais encore une partialité décidée contre la culture scolastique. Il y a encore ici une autre chose à considérer : c'est que la nouvelle littérature se rattacha à la littérature grecque et latine, c'est-à-dire à cette littérature qui avait été en grande partie mise de côté par la littérature chrétienne. Il se manifesta à ce moment une réceptivité fort grande pour les idées, les opinions, l'art et même les mœurs de l'antiquité, réceptivité favorisée par plusieurs circonstances, mais produite par un développement des peuples nouveaux, qui se rapprochait en quelque manière de la culture des peuples anciens et qui fut porté à la prendre pour modèle. Rien n'est plus différent de la manière du moyen âge que celle des Grecs et des Romains dans les beaux temps de leur vie spirituelle. La culture du moyen âge n'est pas de celles qui sortent du sein même des peuples. Nous avons déjà fait remarquer qu'elle n'appartint qu'à deux classes de la société, distinctes et séparées encore l'une de l'autre par leur éducation, le clergé et la noblesse. La culture scientifique du clergé resta d'ailleurs inaccessible au peuple, par le fait qu'elle n'était transmise que dans la langue latine. Il y avait déjà là un germe de dissolution pour la société du moyen âge, quand se produisit une troisième classe, celle des

bourgeois libres, classe destinée à être la médiatrice de
l'opposition tranchée qui séparait les deux autres. Elle
s'annonça bientôt de cette manière; car la tendance di-
dactique de la poésie et de la prose des langues nouvelles formées par la classe bourgeoise, comme aussi par
ceux des écrivains du clergé et de la noblesse qui avaient
voulu lui plaire, furent des instruments propres à réconcilier l'art et la science. De la classe des bourgeois sortit aussi l'esprit de liberté qui se plut à se comparer aux
Romains et aux Grecs, et il fut naturel qu'on cherchât
des modèles dans l'antiquité, dès qu'on travailla, comme
elle, à créer une liberté populaire, un art populaire, une
science populaire. Une classe moyenne, laborieuse, et
dont l'existence était fondée sur le commerce des choses
utiles, ne pouvait pas être satisfaite d'une science qui
n'avait été faite que pour servir à la vie ecclésiastique.
Elle n'avait pas à porter son attention sur le renoncement
monastique et l'ascétisme, mais sur les rapports variés
de la vie morale active avec laquelle elle avait à faire;
elle ne pouvait guère s'enfoncer dans les obscures et
longues recherches sur la forme et la matière, sur l'entendement actif et passif, sur l'objectivité et la subjecti-
vité des notions générales. Elle demandait une connaissance claire, générale et cependant détaillée de la nature
dont elle avait à recueillir, à mettre en œuvre et à faire
circuler les trésors. Les scolastiques pouvaient lui apprendre peu de chose sur ce sujet, et encore ce peu, ils
l'avaient reçu de l'antiquité, sa véritable source. Il n'est

pas étonnant que, dans de telles circonstances, l'ardeur avec laquelle on étudia l'antiquité, et l'amour que l'on professa pour elle, fussent poussés jusqu'à la passion, et que les vues scientifiques gagnassent en étendue, tout en restant parfois superficielles. On oublia quelquefois le christianisme, et quand on ne l'oublia pas, on le traita avec plus de liberté qu'auparavant, mettant la révélation chrétienne, comme source de connaissance, à peine à côté des mystères d'un Hermès Trismégiste, de la philosophie orphique, du pythagorisme, du platonisme, de la cabale ou de la pierre philosophale. C'étaient là les premiers commencements, encore incertains, d'une tendance qui se comprenait à peine elle-même. Il se forma une autre superstition, celle de l'antiquité et des forces secrètes de la nature, superstition que les temps modernes ont vaincue en quelque manière. Bientôt on put voir qu'on était moins croyant en religion; on s'appliqua plus à la poésie et à l'éloquence, goût tout à fait contraire au caractère de la scolastique. On imita en cela les anciens, et comme l'art se plaît dans la variété des phénomènes, on donna toujours plus d'attention à l'observation des phénomènes de la nature et à l'étude de l'histoire.

Combien de circonstances ne se réunirent-elles pas pour corroborer cette nouvelle direction? L'arrivée en Italie des savants grecs qui propagèrent la connaissance de leur langue et ouvrirent un plus vaste champ aux recherches historiques; l'invention de l'imprimerie qui multiplia si abondamment les moyens de transmettre les connaissances; le triomphe de la puissance politique sur la spirituelle, triomphe qui donna plus d'importance aux rapports civils des sociétés humaines; le perfectionnement de la navigation et les grandes découvertes qui furent faites dans les voyages sur mer : tout cela contribua à augmenter la variété des connaissances et à mettre l'esprit en rapport avec un grand nombre de phénomènes.

Si nous considérons la réformation de l'Eglise, nous verrons en elle les points principaux qui ont décidé de la culture des temps modernes. La Réformation doit être regardée, dans le développement de l'Eglise chrétienne, comme un mouvement qui revint sur les faits primitifs pour retrancher tout ce qui, dans le cours des temps, avait pu s'attacher d'impur au christianisme. Aussi elle s'appuya entièrement sur l'histoire. Par l'interprétation de l'Ecriture sainte, elle chercha à consolider les dogmes; par l'histoire de l'Eglise, à montrer quelles avaient été les institutions, les cérémonies et les doctrines de la primitive église, et comment peu à peu l'élément hiérarchique du catholicisme s'était introduit en elle et l'avait fait dégénérer. Elle avait une répugnance décidée pour la scolastique; elle ne sut pas voir ce qu'elle avait de grand. Nous ne pouvons pas nous dissimuler que le sens philosophique lui fit défaut. Le mysticisme, qui çà et là s'est montré parmi les protestants et a pris parfois un caractère tout à fait théorique, est la preuve que leur église a longtemps manqué de l'élément philosophique.

Qu'il en ait été ainsi, c'est ce que prouve naturellement la marche que prit la philosophie après la renaissance des lettres. Sa tendance à l'étude du monde phénoménal ne pouvait pas la recommander à la théologie
protestante. On voit encore mieux que la philosophie
nouvelle se mit en mouvement dans cette direction,
quand on considère sa liaison avec la nouvelle littérature.
Nous avons déjà fait remarquer que la littérature de cette
époque se développa d'abord dans une certaine dépendance des anciens, qu'elle les imita. Cette servilité fut
poussée si loin que des voix imposantes osèrent manifester la crainte que les modernes ne pussent jamais sur-
passer les modèles que nous avait légués l'antiquité.
Aussi longtemps qu'on était imitateur, on ne pouvait pas
avoir le courage de s'ouvrir une nouvelle route. Cependant, les rapports nouveaux devaient amener des recherches nouvelles, et avec le succès le courage augmenta.

Il est particulièrement trois sciences dans lesquelles
les anciens ont été surpassés par les modernes, deux sans
aucune contestation, les mathématiques et les sciences
naturelles, autant qu'elles pouvaient être poussées par
l'observation et l'expérience, c'est-à-dire par la méthode
empirique, et une troisième, l'histoire, en tant que l'on
considère la recherche des faits ; seulement, dans cette
science, l'individualité propre de l'écrivain ne s'est pas
manifestée aussi purement que dans l'antiquité, parce
que, dans l'exposition historique, les modernes ont pris
d'ordinaire les anciens pour modèles, regardant comme

une circonstance accidentelle que nous qui sommes venus plus tard, nous trouvions dans l'histoire une plus
grande masse de faits. Si partout la philosophie rattache
ses recherches à la tendance spirituelle générale qui règne
dans les sciences, si elle est destinée à porter à la conscience générale le travail scientifique d'une nation ou
d'une époque, elle ne pouvait pas, chez les peuples modernes, se former autrement que d'après le penchant
dominant vers les mathématiques, les sciences empiriques et l'histoire. Mais ces trois sciences se proposent
décidément pour but l'explication de la variété des phénomènes qui se passent dans le temps et dans l'espace ;
on peut par conséquent supposer que cette tendance do-
minera dans la philosophie moderne.

Et c'est en effet ce qui se voit assez clairement dans les
formes générales de la nouvelle philosophie, dont la du-
rée s'étend à peu près jusqu'à la fin du siècle dernier,
époque à laquelle elle prit un nouvel essor en Allemagne. On peut distinguer deux tendances dans cette seconde période, la rationaliste et l'empirique ou sensualiste. La dernière est portée à faire consister toute la
science dans l'histoire de l'homme ou de la nature ; seulement elle joint à cela le désir d'établir d'une manière
solide les principes généraux des mathématiques, tandis
qu'elle abandonne au doute les principes métaphysiques, ou qu'elle les explique d'une manière mathéma-
tico-mécanique. La tendance rationaliste ne s'exprime
pas dans cette période d'une manière aussi tranchée ;

cependant elle penche aussi vers les mathématiques. On ne saurait s'empêcher de le reconnaître, quand on voit qu'on entreprit de traiter la philosophie d'après la méthode particulière à ces sciences, qu'on fut conduit par là à la prendre seulement pour une théorie du possible, et qu'on ne fut pas éloigné de faire entrer dans la philosophie les principes mathématiques. Le goût pour la physique empirique et pour l'histoire ne se montre pas moins dans cette tendance. On a une preuve évidente de l'un dans Descartes et dans Leibnitz, dont les doctrines vont pour la plupart à trouver des principes généraux pour la physique expérimentale ; l'autre se manifeste soit dans les travaux de la psychologie empirique, qui, malgré son origine empirique, prétend prendre place dans la philosophie, soit dans le soin qu'on mit à s'occuper de la morale et du droit naturel, sciences qui, évidemment, se proposent en partie d'expliquer d'une manière psychologique la formation des mœurs et des lois qui règnent parmi les hommes.

En entrant dans les détails, nous trouverons peu de points qui ne nous confirment dans l'opinion que cette tendance a présidé au développement de la philosophie depuis la renaissance des lettres. Nous la voyons principalement dans les travaux polémiques qui n'ont pas cessé d'accompagner la philosophie dans cette période. En Italie, où la renaissance des lettres eut son berceau, les nouveaux aristotéliciens, ennemis déclarés de la scolastique, s'efforcèrent surtout de mettre en lumière l'opposition d'Aristote avec la doctrine chrétienne. En même temps il s'éleva dans ce pays un puissant parti sceptique, qui mit en question non-seulement la vérité de l'ancienne théologie, mais encore celle de la doctrine chrétienne en général. Ceux qui, du point de vue philosophique, prirent la défense du christianisme, entre autres les nouveaux platoniciens, étaient trop portés vers la philosophie païenne, trop pleins d'un enthousiasme superstitieux pour l'antiquité pour pouvoir être considérés comme de vrais défenseurs de la religion chrétienne. Quiconque n'était pas esclave de la forme roide de la doctrine et de la discipline ecclésiastiques, croyait communément devoir renoncer, du moins du côté scientifique, à défendre la doctrine chrétienne contre les vues païennes.

Les travaux dogmatiques en philosophie qui suivirent immédiatement l'époque de la renaissance des lettres, élevaient comme Dieu plutôt la force productive de la nature que le Dieu du christianisme. Il y eut bien dans ces temps quelques hommes qui osèrent défendre par la philosophie le christianisme et la foi chrétienne ; mais ils furent, à de très insignifiantes exceptions près, des sceptiques qui tenaient la raison pour incapable d'arriver à la connaissance des doctrines sur la vérité desquelles l'expérience des effets du christianisme pouvait seule, d'après eux, appeler l'attention. La philosophie nouvelle se montra le plus souvent sceptique par rapport à la théologie, quand elle ne fut pas son ennemie.

Bacon et la grande foule de ses partisans, ne désirant décidément qu'une science utile, ne nièrent pas, à la vérité, le lien qui nous unit à Dieu; mais leur philosophie doutait qu'on pût s'élever jusqu'à lui, en tant qu'il est le point culminant de la science et de la vérité. Qui pourra se tromper, quand Hobbes s'occupe encore des preuves de l'existence de Dieu? Sa philosophie ne trouve nécessaire d'admettre un Dieu et une religion que parce que cette croyance est avantageuse à l'Etat. Le doute et l'incrédulité se répandirent profondément parmi les Anglais. Même les caractères les plus nobles, comme un Shaftersbury et un Berkeley, en partie inclinèrent vers le doute, en partie ne surent lui échapper que par de singuliers détours. Cette dernière circonstance prouve combien il leur était difficile d'accommoder la tendance de la philosophie de leur nation avec leurs penchants individuels.

Chez les Français, la philosophie entra dans une voie semblable, mais d'une manière encore plus décidée. Dans le principe, il est vrai, elle chercha à concilier avec les exigences les plus générales de la doctrine chrétienne son penchant à l'étude empirique et mathématique des sciences physiques, tel qu'il se trouve incontestablement dans Descartes et dans Gassendi; mais on voit, à n'en pouvoir douter, de quel côté incline leur tendance scientifique. Gassendi trouvait la doctrine d'Epicure opposée au christianisme, seulement dans ses conséquences, et non dans ses principes. Ce que Des-

cartes, au commencement de sa philosophie, enseigne
sur Dieu, ne lui appartient pas en propre; il l'a puisé
chez les jésuites, ses maîtres, et ceux-ci chez les scolastiques. Et encore à quoi lui sert cela? Il ne l'établit
pas d'une manière suivie; c'est comme une formule
qu'il a apprise et qu'il oublie dans la suite de ses recherches; l'important pour lui, c'est de faire disparaître, au moyen de son idée de Dieu, le doute élevé sur
l'existence de la nature extérieure et sur la vérité des
connaissances que nous en avons. Dès qu'il croit avoir
atteint ce but, il se jette dans des recherches mathématiques sur la nature, et quand il établit l'idée
mécanique de la communication du mouvement, et
qu'il représente les animaux comme des machines, ne
prépare-t-il pas au mieux l'opinion qui plus tard domina
en France, que l'homme aussi n'est qu'une machine?

Laissons un moment de côté ce développement postérieur de la philosophie française, pour considérer l'é-
cole philosophique qui se rattache à Descartes.

Nous ne pouvons nier que cette école ne confirme du
moins ce que nous avons dit du caractère de la philosophie de cette période. Dans les occasionalistes, Geulinx
et Malebranche, on ne peut pas méconnaître un sens
pieux qui s'étendit sur leur doctrine philosophique. On
ne peut méconnaître non plus dans Spinosa une tendance théologique. Si l'on joint à ces hommes Leibnitz,
qui évidemment est très près d'eux dans la marche du
développement philosophique, on aura à peu près tout

ce qu'il y a de plus considérable, dans la nouvelle philosophie, par rapport à la tendance théologique. Tout
en reconnaissant en eux cette tendance, tout en avouant
même que les travaux de ces hommes ont été fort importants pour le développement des idées philosophiques, nous avons à présenter quelques observations qui
prouveront que nous ne devons pas chercher les traits
caractéristiques de la nouvelle philosophie dans la manière dont ils se tournèrent vers le côté théologique de
la philosophie.

D'abord les occasionalistes se rattachent par trop de
liens au cartésianisme pour ne pas tendre évidemment à
considérer aussi la nature du point de vue mécanique.
Spinosa n'a pas même pu s'élever au-dessus de cette
tendance. Et si Leibnitz la combat, on en trouve cependant chez lui des traces. Ce qui est d'une bien plus
grande importance pour leur vue scientifique tout entière, c'est que, accoutumés à mettre en parallèle la
nature corporelle dans ses développements avec l'essence
spirituelle, ils se représentèrent les activités spirituelles
d'une manière mécanique. Ils ne pouvaient le faire sans
que leur théologie ne s'en ressentît, puisqu'ils voyaient
dans le corporel, comme dans le spirituel, des manifestations ou des modifications de l'essence divine. S'ils
avaient voulu pousser plus loin cette idée, et Spinosa
seul l'osa, n'auraient-ils pas été conduits à une doctrine
de Dieu qui se serait éloignée, on ne peut plus, de la
doctrine chrétienne?

Il y a accord entre la forme de leur exposition philosophique et l'idée qu'ils se faisaient de la philosophie, du point de vue de leur science. Déjà Descartes avait choisi en partie la démonstration mathématique pour exposer ses doctrines philosophiques. Si ses successeurs ne l'imitèrent pas toujours, ils n'en furent pas moins persuadés que c'était là le véritable modèle, et l'intelligence divine, aussi bien que l'être divin, leur apparaissaient sous la forme mathématique[1]. Ceci tient plus profondément qu'on ne croit à l'idée qu'ils se faisaient de la science. Car, voyant dans les mathématiques la perfection la plus haute de la connaissance claire et certaine, ils étaient portés à ne poursuivre que les connaissances auxquelles on pouvait appliquer le plus aisément les conceptions de cette espèce. Malebranche s'explique nettement à ce sujet, quand il prétend qu'au moyen des pures notions mathématiques nous connaissons bien mieux le corps que l'âme, sur laquelle nous n'avons le plus souvent que des idées obscures. Il en est de même de Spinosa et de Leibnitz, qui sont portés à puiser la connaissance pure de la vérité de l'être et des choses, sinon seulement dans des notions mathématiques, du moins dans des idées formées de la même manière qu'elles, c'est-à-dire par abstraction. Du reste, on ne peut méconnaître que Leibnitz n'ait une certaine répugnance à diriger ses recherches sur les idées qui se rap-

[1] Ainsi Leibnitz dit : *Dum Deus calculat, fit mundus.*

portent à une connaissance philosophique de l'élément théologique.

Ces considérations suffisent pour prouver que ces hommes n'étaient pas tout à fait en dehors de la tendance que nous regardons comme le trait caractéristique de cette époque [1].

Nous dépasserions les bornes qui nous sont imposées par la nature de cet écrit, si nous entrions dans de plus grands détails; nous ne fixerons en conséquence notre attention que sur deux points :

1° Nous avons déjà fait observer que, dans cette seconde période de l'histoire de la philosophie chrétienne, on ne doit pas s'attendre à trouver une tendance aussi une et exclusive que dans la première. On ne pouvait oublier entièrement la direction théologique précédente qui avait déposé dans la dogmatique des germes qui devaient se développer ; et d'ailleurs on était attiré de ce côté par un intérêt général, encore vivant dans les sciences.

2° On ne doit pas négliger de remarquer que les hommes qui ont tenu compte d'une manière philosophique de l'élément théologique n'ont eu aucune influence, ou du moins n'en ont eu qu'une très faible, sous ce rapport, sur la marche de la science de leur temps. Les occasionalistes sont dans le premier cas; leurs travaux, considérés comme de spirituelles hypothèses, furent bientôt mis de côté. Il est encore plus

[1] Voir note VII.

surprenant que Spinosa, dont la philosophie a été de nos jours l'objet d'un si vif intérêt, ait été si peu estimé de son temps comme philosophe, preuve évidente que sa manière de penser était très différente de celle des penseurs, ses contemporains. Leibnitz produisit, il est vrai, une grande sensation parmi les philosophes ; mais ce ne fut pas dans la direction théologique, du moins parmi les Allemands, dont la capacité pour les recherches philosophiques était alors fort petite; et ses disciples, particulièrement Christian Wolf qui contribua le plus à répandre sa doctrine, défigurèrent ses vues et ses idées. Tout bien examiné, on trouve qu'il y eut bien peu de penseurs qui surent s'approprier l'esprit théologique de sa philosophie.

En considérant l'ensemble du développement philosophique auquel appartiennent ces hommes, nous voyons que l'intérêt pour l'élément théologique forme bien un moment important, mais pas assez cependant pour dominer la marche de la philosophie de cette époque. Ce n'est que dans des temps plus rapprochés de nous que leur influence s'est fait sentir, car, immédiatement après eux, leurs travaux furent laissés de côté pour d'autres qui avaient une bien moins grande valeur. Qui peut nier, en effet, que les opinions qui, après Leibnitz, se répandirent en philosophie parmi les Anglais et les Français, les deux peuples qui dominaient alors dans le monde littéraire, ne soient très inférieurs, pour le mérite de la forme et la richesse du contenu, aux doctri-

nes de Spinosa et de Leibnitz? Cependant, les vues pas-
sionnées et superficielles de Voltaire et de Rousseau
réglèrent pendant longtemps les opinions des peuples
modernes sur la philosophie. Celui qui désirait quelque
chose de plus profond se rattachait à Hume ou à Condillac; et s'il penchait moins vers le doute que vers
l'affirmation, il suivait le système de la nature, ou Hel-
vétius, ou tout autre encyclopédiste. C'est là, dans la
philosophie moderne, ce temps de légèreté dont on désigne les écrivains sous le nom de libres-penseurs. On
ne peut pas tenir compte des quelques exceptions qui
se rencontrent dans la pâle école écossaise et parmi les
Allemands qui adoptèrent un éclectisme sans vie, quoique traversé parfois par une pensée profonde. La tendance générale fut évidemment contraire aux recherches
théologiques; elle se tourna vers la perception sensible,
vers le plaisir sensible, et en général vers la variété des
phénomènes. Expliquer cette grande variété de causes
paraissait le point le plus élevé que pût atteindre la
science humaine. On ne peut pas se refuser à reconnaître que la philosophe moderne, jusqu'à l'époque où
commença en Allemagne un autre mouvement, n'ait été
dominée par une tendance à l'étude du monde phénoménal, quand on examine par quels événements cette
période s'est terminée, et comment ils avaient été préparés par tous les travaux scientifiques précédents.

Nous avons, dans l'espace de temps qui s'est écoulé
depuis la Renaissance jusque vers la fin du siècle der-

nier, quoiqu'il embrasse moins de trois siècles, un développement si varié qu'il est difficile de faire rentrer sous un point de vue général tout ce qui s'y rattache. La cause en est principalement dans le caractère de la philosophie de cette période. La tendance théologique se présente d'une manière plus simple que celle qui se préoccupe surtout de l'explication des phénomènes variés du monde. Là où la variété des phénomènes joue un rôle important, on peut se rattacher à une foule de point différents. Comme en particulier les études sur la nature étaient séparées des études sur le développement moral de l'homme, il pouvait facilement se faire, à cette époque, que les travaux de philosophie théorique fussent sans rapport avec ceux de philosophie pratique. Cependant, elles ont l'une et l'autre des points de contact, et nous ne pouvons pas approuver Tennemann qui, dans une partie de cette histoire, les a séparées et a essayé de les traiter à part. Il faut reconnaître toutefois qu'à aucune époque les travaux de philosophie pratique n'ont été si décidément séparés de ceux de philosophie théorique.

Nous avons déjà dit que le point de vue rationaliste et le sensualiste furent alors opposés l'un à l'autre, celui-là s'associant plus avec la forme mathématique de ce qui tombe dans le champ de l'expérience, celui-ci avec sa partie matérielle. L'on peut être tenté par là de séparer l'histoire du développement de l'un de l'histoire du développement de l'autre, puisqu'ils ont été toujours en opposition, et que jusqu'à un certain point chacun a eu sa marche propre. Mais il est encore d'autres influences qui viennent croiser le développement de la philosophie moderne. A son origine domine la polémique : alors on cherche peu à systématiser. Il en est toujours ainsi quand d'une culture précédente doit sortir une nouvelle formation. La lutte contre la scolastique, qui cependant était sur son déclin au commencement de cette période, dut se continuer longtemps et sous plusieurs formes. Il n'y avait qu'un zèle persévérant qui pût réussir à détruire cette ancienne manière de penser, parce qu'elle s'appuyait sur des choses bien établies dans l'école et même dans la vie. Peu à peu la tendance devint plus positive, plus ferme et plus systématique. Il se forma de nouveaux systèmes indépendants de l'autorité des anciens et ne se proposant plus pour but de s'opposer à la scolastique.

Dans cette dernière période, on peut encore remarquer une double direction dans laquelle l'histoire de notre science continue sa marche. D'un côté, en effet, on ne peut méconnaître qu'il n'y ait dans notre vie scientifique une forte tendance à arriver à une culture commune à tous les peuples de l'Europe, à avoir une science vraiment européenne. D'un autre côté se trouve une tendance à la nationalité dans la littérature et les sciences. Tandis que la première se manifestait dans le désir de former une langue savante commune, et même une langue universelle, et qu'elle poussait chaque peuple à se

familiariser avec la langue et la littérature des plus cul-
tivés de ses voisins, la seconde se plaisait au développement des littératures particulières de chaque nation. Il
est certain que la science n'est pas la propriété d'un
peuple et ne doit pas se former seulement d'après son
caractère particulier. Elle est l'œuvre de l'intelligence
humaine générale, et il y a certaines parties de la vie
scientifique sur lesquelles l'individualité de ceux qui
s'en occupent exerce peu d'influence, telles sont, par
exemple, les mathématiques. Mais on peut regarder
comme généralement accordé que, pour d'autres parties, la différence des langues a sur l'exposition scientifique une influence marquée. Il est même impossible
de trouver l'expression vivante de la pensée, celle qui
convient à ces dernières sciences, dans une langue morte
en générale, et même dans toute autre langue que la
maternelle. Si la philosophie tend à donner conscience
de l'unité de tous les efforts scientifiques, de ceux aussi,
par conséquent, qui ne peuvent être exprimés convena-
blement que dans la langue maternelle, on ne peut nier
qu'on ne doive l'exposer, en grande partie du moins,
chacun dans sa propre langue. Nous ne pouvons approuver l'opinion, qui a été indiquée ou manifestée parfois, que la philosophie d'un peuple ne peut être que la
représentation scientifique du système de mots qui, dans
la langue de ce peuple, ont une signification générale.
Cependant l'histoire nous apprend que jusqu'à présent
le développement philosophique a toujours été dans un

étroit rapport avec le développement de la langue. Ainsi les philosophes les plus influents n'ont pas pu s'empêcher de lier parfois à la forme du langage le développement de leurs idées. Pour ces raisons, nous n'hésitons pas à regarder la philosophie comme faisant corps en grande partie avec la littérature nationale. Quand une tendance scientifique générale s'est montrée dans une littérature nationale, la philosophie s'est toujours attachée à elle plus ou moins. Aussi, dans la division de la philosophie moderne, il faut avoir égard au caractère des peuples qui ont contribué à la former.

Comme dans cette partie de l'histoire de la philosophie on trouve plusieurs points de vue différents, il faut procéder avec beaucoup de soin, si l'on veut, dans ce tissu si croisé de différentes tendances, suivre le cours naturel des fils. Nous voulons ici attirer l'attention seulement sur quelques-uns des points principaux qui peuvent nous conduire aux divisions les plus convenables. La seconde période de la philosophie chrétienne s'ouvre, comme la première, par une époque dont la polémique est le trait principal. Nous consacrerons à ce commencement une partie spéciale. Contre la scolastique, on se servit d'armes de plusieurs sortes; on compara la science et l'art des anciens avec le système théologique et avec le langage barbare des scolastiques; on ressuscita les systèmes des anciens philosophes et on chercha à les renouveler; on fit ressortir l'incompatibilité de la scolastique avec les découvertes qu'on venait de faire et

avec la science nouvelle qui s'était formée par des travaux qui n'appartenaient pas à la philosophie; on se
jeta dans le scepticisme; on essaya enfin de divers systèmes particuliers qui étaient incomplets, mais plus conformes à la nature et à l'expérience que les opinions
obscures et subtiles du moyen âge. Ce sont là des mouvements révolutionnaires et tumultueux dans la science;
il n'y avait en eux ni vue arrêtée, ni tendance uniforme, ni unité de volonté ayant conscience du but
vers lequel elle marche. Il n'y avait d'accord que dans
le dessein de briser l'ancienne forme de la doctrine.
Presque tous les peuples civilisés de l'Europe chrétienne
prirent part, quoiqu'à des degrés différents, aux efforts philosophiques de ce temps. Mais cette période de
développement ne finit pas pour tous au même moment; la scolastique a été vaincue chez les uns plus tôt
que chez les autres. En Allemagne, par exemple, elle ne
tomba qu'assez avant dans le dix-septième siècle, tandis qu'en France, en Angleterre et même en Hollande,
la philosophie avait bien plus tôt pris une marche propre et systématique. Dans ce moment la nationalité est
peu importante : on philosophe le plus souvent en latin;
la prose des langues modernes est encore peu formée,
si ce n'est en Italie, pays qui cependant n'a jamais dirigé le développement systématique de la philosophie de
cette époque, ni même exercé sur lui quelque influence.

A cette partie succède le moment du développement
systématique. Le caractère national ne s'y fit pas d'a-

bord sentir. Comme, en effet, la culture scientifique des peuples modernes s'était rattachée à l'ancienne littérature et était arrivée à avoir conscience de son individualité dans le travail de formation des sciences physiques et des mathématiques, éléments tout à fait généraux de la science, il ne pouvait pas se faire qu'elle fût aussitôt nationale. Le développement systématique de la nouvelle philosophie, dans laquelle la nationalité se fit peu sentir, constitue une seconde partie de cette période. Il s'était formé parmi les peuples modernes une classe savante, assez séparée du reste du peuple, continuation, quelque peu différente, du clergé tel qu'il avait été au moyen âge. Ce qui constituait cette classe savante, c'était la connaissance des langues et des littératures anciennes. Elle avait sa tradition qui la tenait en dehors de la vie ordinaire du peuple par l'usage qu'elle faisait du latin, parfois aussi d'une autre langue, à laquelle elle accordait une valeur générale : c'était le lien qui l'unissait dans toute l'Europe. Il était naturel que cette classe, dès qu'elle eut pris une tendance propre, eût aussi une philosophie qui lui appartînt. Nous la trouvons en effet s'occupant de philosophie au sein de tous les peuples d'Europe qui prenaient part au mouvement philosophique, c'est-à-dire parmi les Anglais, les Français, les Hollandais et les Allemands. Nous comptons au nombre des philosophes savants de cette époque, chez les Anglais : Bacon et Hobbes ; chez les Français : Gassendi, Descartes, Malebranche ; chez les Hollandais :

Geulinx et Spinosa; et chez les Allemands, principalement Leibnitz et Wolf. Quoique quelques-uns de ces
écrivains se servissent parfois, et même le plus souvent,
de leur langue maternelle dans leurs ouvrages philosophiques, ils cherchaient cependant en général à agir
sur tout le corps des lettrés européens. La tendance rationaliste et la sensualiste ont parmi les philosophes savants des représentants; cependant il faut reconnaître
que la tendance rationaliste a le dessus. On trouve aussi
chez eux une prédilection pour la philosophie théorique,
quoique le côté pratique ne manque entièrement que
chez quelques-uns; mais en général le côté théorique
prend la plus grande place. Aucun philosophe important de cette époque ne sépare proprement la philosophie pratique de la théorique.

Cependant, l'érudition des modernes devait bientôt
tendre à se répandre généralement parmi tous les hommes instruits. Aussi, on commença à se servir de plus
en plus des langues maternelles, et enfin on n'en em-
ploya plus d'autres. La philosophie nationale se sépara par là de la philosophie savante, qui exista quelque temps à côté d'elle, mais qui finit peu à peu par
disparaître. Ce fut chez les Anglais que se forma d'a-
bord une philosophie de ce genre. La tendance sensualiste et la tendance rationaliste s'y séparèrent l'une
de l'autre. Celle-là s'occupa principalement de la théorie, celle-ci de la pratique. Locke, Berkeley, Hume,
forment une série suivie dans le développement du sen-

sualisme. Leur philosophie tient en partie des travaux sensualistes précédents de l'école savante, et en partie elle forme une réaction aux travaux rationalistes de cette école. Cependant, cela ne suffit pas pour déterminer la marche particulière de leur développement. Si l'on peut dire que le principe sensualiste s'éleva à un plus haut degré de conscience de son but, on n'en peut pas dire autant de la tendance rationaliste de l'école anglaise, dans laquelle travaillèrent Schaftersbury et les moralistes qui le suivirent, c'est-à-dire les écrivains qu'on a désignés d'ordinaire, dans ces derniers temps, sous le nom d'école écossaise. Ici, c'est le sensualisme qui l'emporte évidemment. Ceci se montre encore à un plus haut degré dans la philosophie française. Mise en mouvement moins par Locke que par la tendance de la science de l'époque, elle prit dès lors une direction décidément sensualiste; et si nous ne tenons pas compte des essais populaires qui se donnèrent pour des travaux philosophiques, nous n'avons à distinguer en elle que deux nuances principales du sensualisme. L'une, représentée principalement par Condillac, tend à saisir la science d'une manière purement subjective et incline vers le scepticisme; l'autre, qui se montre sous ses traits les plus prononcés dans le système de la nature, conduit essentiellement à une théorie sensualiste du monde, au matérialisme et à l'atomisme, et elle expose la morale du même point de vue qu'elle explique la nature. Ainsi, dans cette philosophie dégénérée, se forma un égoïsme sensualiste. Ces tendances exclusives et même sophistiques ne trouvèrent que peu d'opposition en France jusque vers la fin du dix-huitième siècle.

Parmi les Allemands, il n'y eut aucune philosophie nationale dans l'époque dont nous parlons. Leur littérature était encore alors, en général, sous la dépendance de la philosophie étrangère ou de la philosophie ancienne. De ces différentes influences, il ne se forma au commencement de leur littérature moderne qu'un éclectisme sans caractère.

En décrivant la seconde période de la philosophie chrétienne, et en fixant ses limites, nous avons supposé que nous étions déjà entrés dans une troisième période. Si nous avons bien caractérisé cette seconde période, nous pouvons faire voir facilement, et en peu de mots, pourquoi nous devons admettre que nous sommes dans une troisième. En effet, pour que nous puissions considérer la seconde période comme marchant dans une direction partiale et comme ayant une tendance exclusive, il faut que nous soyons déjà hors de cette partialité. Si nous étions encore dans cette tendance, nous ne pourrions pas la regarder comme exclusive et partiale.

D'autres signes du temps viennent encore confirmer notre opinion. On sait quel dédain la littérature moderne a professé pour tout le moyen âge. Aujourd'hui, au contraire, on commence à le juger plus favorablement; on a même entendu des voix s'élever en sa fa-

veur avec autant de partialité qu'on en avait mis à l'attaquer; c'est un contre-poids qu'on peut opposer à ceux
qui le poursuivent encore de l'ancienne haine. Il nous
semble qu'on tend à revenir au milieu du chemin. La
tendance vers la connaissance du monde phénoménal a
été poussée en philosophie jusqu'à sa dernière limite;
elle ne peut plus se maintenir; les Allemands ont re-
jeté les prétentions superficielles de la philosophie française; même les Français les ont aujourd'hui abandon-
nées. Il faut remarquer avant tout que de nos jours on
s'est tourné de nouveau vers l'élément religieux, pour
lequel on avait pendant longtemps manifesté, dans la
vie, dans l'histoire et dans les sciences naturelles, de
l'indifférence ou de la répulsion. Nous trouvons que,
dans les temps modernes, la philosophie a pris, à l'é-
gard de la théologie, toutes les positions que lui rendait
possibles sa tendance vers la connaissance du monde
phénoménal. Ces positions sont au nombre de trois:
ou la philosophie reste indifférente à l'égard de la théologie, comme si elles n'avaient rien de commun et rien
à démêler ensemble, c'est là l'indifférentisme théologique; ou l'on combat les idées religieuses comme des
préjugés, ce qui forme la polémique des francs-penseurs; ou enfin on considère les doctrines théologiques
comme des produits de la raison, et alors on les regarde comme soumises à l'examen de la philosophie et
non de la théologie, c'est ce qui se vit dans la tendance
que l'on désigna sous le nom de naturalisme ou sous

celui de rationalisme. Ces trois positions de la philosophie, par rapport à la théologie et à la religion, ont été
essayées; elles se rencontrent encore aujourd'hui comme
des restes des temps passés; mais on ne peut se sentir
satisfait d'aucune d'elles. On peut donc penser, ou que
la philosophie se dispose à prendre vis-à-vis de la religion une autre position, ou qu'elle l'a déjà prise; et
dans l'un et l'autre cas, elle doit se rapprocher de la
tendance théologique.

Si ce que nous venons de dire a pu justifier notre
opinion qu'une troisième période a commencé pour la
philosophie chrétienne, son caractère ne peut être douteux; et, dans tous les cas, nous pouvons admettre
qu'elle tend à faire disparaître les partialités des deux
précédentes périodes et à trouver un moyen de réunir
ensemble la tendance théologique qui domine dans
l'une et la tendance vers l'étude de la nature qui domine dans l'autre. Elle n'a pu, sans doute, atteindre tout
d'un coup le juste milieu; mais on peut voir du moins
qu'elle est moins partiale que les précédentes périodes.
Nous ne nous dissimulons pas que, dans le jugement favorable que nous portons sur la philosophie de nos jours,
nous courrons le danger de prendre parti pour nous-
mêmes; mais c'est là un danger général dans lequel tombe
quiconque veut juger de son point de vue les événements
de son temps et les rapports qu'il soutient avec eux.

Nous devons mettre d'autant plus de soins à chercher une preuve certaine du commencement de cette

tendance, que nous nous trouvons nous-mêmes sous
son action. Nous avons déjà dit que le développement
de la philosophie vraiment allemande tombe en dehors des limites de la seconde période. Cette conjecture
trouve sa confirmation dans ce fait qu'on ne peut voir
chez aucun peuple d'Europe, dans la dernière moitié
du siècle précédent, une activité philosophique si ar-
dente à s'ouvrir de nouvelles routes. Mais comme nous
sommes ainsi obligés de relever, non pas seulement notre
époque, mais encore l'élément allemand, nous avons
besoin de rendre compte des raisons qui nous font considérer le commencement de la philosophie allemande
proprement dite comme un nouvel essor de la philosophie chrétienne.

Pour que la philosophie puisse trouver une autre position vis-à-vis de la religion, il faut qu'elle y soit amenée
par une étude de tout le champ de la science humaine ;
car il s'agit de montrer ce qui appartient à la science humaine et ce qui appartient à la révélation ou aux mouvements religieux de l'âme. Il faut faire voir jusqu'à
quel point la science est en accord avec ce qui s'annonce
comme révélation divine, et comment elle peut trouver
en elle-même quelque besoin qui l'oblige à donner à la
foi religieuse une position certaine et indépendante. Il
ne peut pas être question ici d'un travail sur l'entendement humain, semblable à celui que Locke se proposa.
Ce philosophe voulait seulement rechercher comment la
science se fait et non sur quelle base elle se fonde. La

supposition, en effet, qui lui sert de point de départ, est que la science ne se compose que des matériaux qui sont donnés à la connaissance, et non point, en même temps, de la forme que la raison donne aux éléments de notre pensée. Il faut ajouter que la question de la valeur de ce qui constitue la matière de la connaissance, est mise de côté et qu'elle ne peut pas même être posée, dès qu'on admet avec lui que tous les doutes sont en définitive détruits par l'évidence sensible. Une telle étude des faits phénoménaux de la science ne pouvait pas conduire au but que nous avons indiqué. Elle ne pouvait ni combattre le mélange des sentiments religieux avec la philosophie, puisque nécessairement, dans ce qui est phénoménal, des éléments étrangers se mêlent à la science ; ni réfuter profondément les francs-penseurs, puisqu'elle méconnaissait, comme eux, la puissance formatrice de la raison ; ni repousser l'indifférence pour l'élément religieux, puisque, en considérant la science telle qu'elle paraît, il pouvait bien être question de ses besoins présents, mais non de ceux qui s'étendent dans tous les temps. Il fallait descendre jusqu'aux dernières bases que la science a dans la raison, pour trouver ce qui rapproche, aussi bien que ce qui distingue la philosophie et la religion.

C'est le mérite de Kant d'avoir entrepris ce travail, de l'avoir exécuté dans un esprit vraiment scientifique et de l'avoir poussé fort loin. De même qu'autrefois Socrate donna une nouvelle impulsion à la philosophie en examinant les opinions régnantes de son temps, du point de vue de la forme nécessaire et scientifique avec laquelle elles doivent se produire dans l'idée, de même Kant entreprit un semblable examen des doctrines existantes au point de vue de la forme du jugement ; et le résultat de ce travail fut alors ce qu'il avait été autrefois, c'est-à-dire une étude des bases de la science, telles qu'elles sont dans l'activité formatrice de la raison. A l'une et à l'autre époque, ces recherches, en entrant dans la route nouvelle qu'elles ouvraient, prirent une forme sceptique ; et il était dans l'ordre des choses qu'il en fût ainsi. Kant, en particulier, trouva dans la philosophie une grande masse d'opinions, et chez les Allemands un éclectisme erroné ; pour relever dans la philosophie le caractère allemand, il devait réfuter ces opinions ; aussi la plus grande partie de sa critique se compose de travaux faits dans un sens sceptique. Au dogmatisme de l'école savante, il opposa sa critique, du point de vue du transcendental ; contre le sensualisme sceptique des Anglais et des Français, il fit valoir les catégories générales de l'entendement ; quand il étudie la nature, il tend presque uniquement à opposer au matérialisme et à l'atomisme mécanique de la nouvelle physique les premiers principes de la théorie dynamique de la nature ; et son formalisme en morale s'explique par son dessein de repousser l'eudémonisme, tel qu'il s'était manifesté dans la théorie du sentiment des Anglais et dans l'égoïsme des Français. Sa doctrine, formée ainsi dans des tendances polémiques, resta presque négative du côté théorique et négligea le positif. Il combla une partie de cette lacune par ses considérations sur les besoins pratiques de la raison. On voit là combien l'intérêt pour l'élément pratique le dominait, et comment il le conduisit à admettre le transcendental, cause des phénomènes, ce qui est plus vrai que le monde sensible, et à en faire tantôt le but, tantôt le point de départ de ses recherches. Il est vrai que c'est être singulièrement exclusif que de mettre la raison pratique au-dessus de tout ; mais c'est là une belle expression du sentiment allemand ; c'était d'ailleurs une réaction nécessaire dans le mouvement qui s'opérait. On peut encore en ce point comparer Kant à Socrate.

Vivant tous les deux à des époques où le doute et l'art sophistique étaient parvenus à faire dédaigner et repousser ce qu'il y a de plus saint pour nous et ce qui nous offre le plus haut intérêt, ils sentirent, et ils en amenèrent d'autres à sentir avec eux, que la conscience de sa destination morale devait être pour l'homme le centre le plus solide de sa vie. Il est à peine nécessaire d'ajouter que Kant devait tenir à l'élément religieux. C'étaient les doctrines de Dieu, de l'immortalité et de la liberté de l'homme qu'il cherchait à établir de son point de vue pratique ; la force particulière de sa philosophie est toute là ; c'est ce que prouve le mouvement tout entier de la philosophie allemande qui n'a suivi avec amour et développé que cette partie de la doctrine de Kant, et qui par là a dépassé le cercle des recherches dans lequel sa critique avait voulu, dans son scepticisme théorique, enfermer la science.

Quoique nous plaçions Kant à la tête de la philosophie allemande, et en général de la philosophie actuelle, nous ne pensons cependant pas qu'il en soit le seul fondateur. La philosophie est arrivée à cette nouvelle direction par un trop grand mouvement intellectuel pour qu'on puisse l'attribuer à un seul homme. On ne peut méconnaître que déjà, au milieu du dernier siècle, tout était prêt pour un développement dans la littérature allemande; et ce développement ne pouvait avoir lieu à une époque de travail scientifique, tel que celui qui caractérise les peuples modernes, sans qu'il n'y eût en philosophie un développement correspondant. On pouvait même supposer que le penchant à la poésie, qui dans toute littérature précède d'ordinaire le penchant à la philosophie, serait suivi de celui-ci. On pouvait s'y attendre d'autant plus que déjà il y avait chez les Allemands une masse de connaissances et un esprit de recherche, quoique tout cela ne fût pas encore marqué du sceau du caractère national. La philosophie venait précisément d'apprendre à s'exprimer en allemand; elle se servait déjà de cette langue avec une certaine habileté; l'esprit de ceux qui avaient formé cette langue devait aussi s'introduire dans la philosophie. Nous ne voulons cependant pas prétendre qu'avec l'usage de la langue allemande il se soit formé aussitôt une philoso-

phie proprement allemande. Il arriva pour la philosophie ce qui avait eu lieu dans le reste de la littérature :
on imita les anciens, on imita les étrangers, et bientôt
l'exercice que fit faire l'imitation excita l'esprit de recherche.

On trouve en effet que, même avant le temps dans lequel l'influence de Kant se fit sentir pour la formation
de la philosophie allemande, par conséquent dans le
temps que l'imitation éclectique dominait en Allemagne
dans la philosophie, il y eut des hommes qui suivirent
ou indiquèrent une voie particulière : je n'en nommerai
que deux, Lessing et Herder, tous les deux, il est vrai,
plus jeunes que Kant, mais qui commencèrent plus tôt
que lui à agir sur la littérature de leur nation. Ils ont,
également, l'un et l'autre, influé sur la culture de
l'esprit philosophique parmi les Allemands. Il faut encore nommer à côté d'eux Jacobi dont, à la vérité, les
écrits philosophiques ne parurent qu'après que Kant eut
déjà, par sa critique de la raison pure, poussé la philosophie à un nouveau développement, mais qui a cependant pris une part importante à la première culture
philosophique de la nation allemande.

Quelque différence qu'il y eût entre ces quatre hommes,
on peut cependant trouver quelque chose de commun
dans leur activité philosophique, et je ne crois pas me
tromper en donnant pour ce point central leur opposition à la tendance antérieure, et leur propre tendance
vers l'élément religieux et vers les idées théologiques.

Il est vrai qu'on n'a pas peut-être tort en prétendant,
comme on le fait d'ordinaire, que tous, ou du moins la
plupart d'entre eux, ont plus ménagé que reconnu la
révélation chrétienne ; cependant, ils ont rendu un service essentiel en cherchant à relever tout ce qui intéresse
en général la religion, en face de l'intérêt purement
scientifique. La tendance à l'étude des phénomènes avait
peu à peu fait naître et consolidé de plus en plus l'opinion qu'on ne peut reconnaître, dans la science et dans
la vie en général, que l'activité ordonnatrice de l'entendement dans son rapport immédiat avec le sensible ou
avec les faits visibles de l'expérience. Ce qu'il peut d'ailleurs y avoir encore dans l'homme, on cherchait autant que possible à le subordonner à l'entendement ;
même la volonté devait lui obéir : le sentiment supérieur, le cœur de l'homme n'était pris en considération
que dans quelques rapports peu importants. Avec une
telle manière de penser, il était naturel qu'on négligeât
ou qu'on dédaignât la religion, ou qu'on ne la regardât
que comme une espèce particulière des produits de la
pensée. Ces quatre écrivains suivirent une tendance contraire, et ils donnèrent la préférence, les uns à l'élément pratique, les autres à la vie du sentiment rationnel, sur la réflexion qu'ils regardaient comme froide et
limitée ; ou bien encore, ils cherchèrent à lui assurer
une place à côté de la réflexion et de l'intelligence. Ils
n'ont pas tous fait tourner immédiatement cette manière de voir au profit de la religion. Herder et Jacobi

sont peut-être des quatre ceux qui ont fait le moins
pour elle, quoiqu'ils lui aient attiré quelque vénération
par la forme mystique de leurs écrits. Lessing et Kant
n'ont pas dédaigné d'appliquer leurs vues philosophiques
à la religion en général, et de les mettre en harmonie
avec la religion chrétienne, celui-là en établissant les
droits du sentiment dans les choses religieuses, ce qui
précisément le rendit ennemi décidé de la foi dogmatique ecclésiastique, en reconnaissant la nécessité d'une
révélation positive comme base du développement pratique et de la croyance intelligente de l'homme, et
en ne voulant point voir la liberté d'examen restreinte
par aucune formule établie à jamais ; celui-ci, quoique
porté à arranger les doctrines chrétiennes sur les doctrines de sa philosophie, en cherchant à faire valoir
l'intérêt et le besoin pratique de la religion.

C'est dans ce sens qu'a marché la philosophie allemande. On sait comment Fichte fut conduit à ses théories, en poussant plus loin la partie transcendentale
de la doctrine de Kant, et en travaillant à développer
d'une manière plus positive ce que celui-ci n'avait établi que dans des formes tout à fait générales, comme
postulat de la raison pratique. Du reste, il se trouvait
en lui une tendance et une manière de penser qui rappellent beaucoup celles de Lessing, son modèle sous
plusieurs rapports. Il est à peine nécessaire de dire que
les doctrines de Lessing sur la religion ont été développées par d'autres écrivains.

Par sa prédilection pour la doctrine de Spinosa, Schelling tient aussi en quelque point à Lessing; mais, par son esprit et sa manière, il a une plus grande ressemblance encore avec Herder, dont on retrouve parfois chez lui le genre d'exposition jusque dans de petites particularités. Les vues de Jacobi se sont maintenues à côté de celles de ces philosophes, et ont exercé une grande influence sur la manière de penser de nos jours.

On ne peut méconnaître que toutes ces nouvelles doctrines ne se soient principalement proposé de chercher le véritable rapport de la philosophie à la religion, non point d'ordinaire à la religion générale, ou, comme on l'appelle, naturelle, mais à la forme déterminée et développée de la religion que nous voyons dans le christianisme. Si l'on n'a pas toujours trouvé ce rapport, la cause n'en est peut-être qu'en ce que l'on s'est efforcé d'établir une liaison trop intime entre la philosophie actuelle et la religion en général ou le christianisme en particulier, soit en faisant rentrer la religion dans la philosophie, soit en fondant la philosophie dans la religion. Quoi qu'il en soit, on ne peut douter que l'indifférence, l'aversion ou l'opposition de la philosophie à l'égard de la religion n'aient cessé, et nous croyons pouvoir nous appuyer sur plus que quelques signes de l'histoire contemporaine, nous croyons pouvoir en appeler à l'expérience vivante que chacun a de son temps, pour prétendre que nous ne sommes plus dans le développement de cette philosophie, qui tendait principalement à l'étude et à l'explication des choses phénoménales.

Nous ne pouvons pas entreprendre ici de suivre en
détail le cours de la philosophie actuelle telle qu'elle a
commencé à se développer parmi les Allemands. Il serait même prudent de ne rien dire de l'état philosophique dans lequel nous nous trouvons. Quand on ne
sait point, en effet, quelle sera la fin des choses qui ne
font que de commencer, il est convenable de s'abstenir de tout jugement sur elles. Qui pourrait juger un
jeune homme tant qu'il est encore dans son premier
développement? On ne peut voir au plus que la direction qu'il a commencé de prendre. Nous ne pouvons
point cependant renoncer à l'espérance que la voie dans
laquelle nous sommes entrés conduira, avec le temps,
à une fin heureuse. Nous n'avons pas une si petite idée
de nous et de notre science que nous ne puissions encore trouver assez de matériaux pour des recherches
plus actives, et assez de force en nous pour les mener
à bonne fin. D'ailleurs, il nous paraît que les travaux
qui ont été déjà exécutés en philosophie n'ont pas eu,
en général, toute l'influence qu'ils méritent. S'il nous
est permis de dire notre pensée sans qu'on l'interprète
mal, nous avouerons qu'il nous semble que nous sommes encore, en philosophie, dans un moment de fermentation passablement tumultueuse. Il se passe quelque chose d'analogue à ce qui arriva au commencement
de la période précédente. La tendance sceptique de Kant,

qui se prononce souvent assez durement contre les formes précédentes de la philosophie, le prouve évidemment. La manière dogmatique.de Fichte, de Schelling et de leurs disciples ne peut nous tromper ; il y a toujours là une vive opposition à la philosophie antérieure, à la commune manière de penser, à l'empirisme et à l'histoire, que l'on fait plier parce qu'on ne peut la briser ; c'est seulement une autre forme de polémique.

Si nous sommes dans un tel état de fermentation, ou si nous ne faisons que d'en sortir, il faut attendre ce qui arrivera avant de porter un jugement définitif sur la valeur de la marche et des éléments de le philosophie actuelle[1].

[1] Voyez la note VIII.

NOTES.

NOTE I.

DES DIFFICULTÉS PARTICULIÈRES A L'HISTOIRE DE LA PHILOSOPHIE CHRÉTIENNE.

(Extrait des *Theolog. Stud. und Kritik.*, 1833, p. 251-254.)

Les questions qui se présentent ici ne sont pas faciles à résoudre. Si l'on cherche à se faire une idée de l'ensemble, on désespère presque de trouver un point de vue juste pour coordonner le tout. Si l'on aborde les détails, leur masse vous écrase, et dans l'examen de chaque partie se présentent encore des difficultés particulières. Quiconque a observé, non point superficiellement, mais en entrant dans les détails, le mouvement imprimé à l'histoire par l'apparition du Christ parmi les hommes, doit avoir vu quelle grande variété de causes en déterminent et en dirigent le développement. C'est ici un des plus importants principes de fermentation dans l'histoire de l'humanité. Pendant quelque temps, tout semble vouloir rentrer dans l'ancien chaos ; les peuples, les idées, les intérêts se mêlent et se brouillent de plus en plus ; la direction des événements échappe d'autant plus au peuple romain, que la nouvelle religion étend plus loin son action ; aucun autre peuple ne prend sa place ; au milieu des anciennes formes politiques qui se soutiennent encore extérieurement, une nouvelle vie naît et se développe peu à peu ; mais il s'écoule un long espace de temps avant qu'elle se manifeste au dehors dans le monde.

Dans l'étude de ce sujet il se présente une double difficulté qui se trouve bien, il est vrai, dans toute recherche historique, mais qui n'est nulle part aussi grande qu'ici. D'un côté, il y a confusion dans la diversité des intérêts multiples qui se combattent ; et d'un autre côté, ce qui a le plus de valeur se trouve caché sous des formes peu apparentes. Le christianisme, qui doit bientôt remuer le monde, qui déjà produit ce qu'il a de plus grand, de plus solide, de plus durable, n'a encore à ce moment ni fondé de puissance, ni organisé une nouvelle manière de vivre, ni produit aucune œuvre remarquable dans les arts et dans les sciences. Sous tous les rapports son apparition est humble. Le grand nombre d'hommes qui ont étudié avec soin l'histoire et la littérature de cette époque prouve même le haut intérêt qu'elle présente. On trouve dans leurs ouvrages de précieux secours pour se faire une idée de l'influence que la religion chrétienne a, dès l'origine, exercé sur la philosophie. Mais comme la plupart de ces travaux appartiennent à la théologie, celui qui n'a pas fait une étude spéciale de cette science a quelque peine à saisir et à remarquer tout ce qui pourrait lui être utile pour connaître et juger ces temps, et il lui est difficile de faire un choix parmi ces écrits.

A mesure qu'on avance, les difficultés augmentent. Plus on approche du moyen âge, plus les documents sur la vie intérieure deviennent rares. Nous trouvons, il est vrai, dans le moment postérieur de cette époque, une littérature étendue ; mais c'est une littérature qui, en grande partie, n'a pas de valeur propre, et ne peut en avoir pour nous que par son rapport à des choses qui lui sont extérieures. On ne saurait donc s'étonner si cette partie de l'histoire de la littérature a été moins étudiée que toute autre, surtout quand on remarque que nous avons passé par un temps qui jugeait peu favorablement les sciences et les arts du moyen âge, par la raison qu'il s'était formé lui-même par opposition aux tendances de cette époque. Si, dans ces derniers temps, la haine qu'on lui portait s'est adoucie, si même elle s'est en partie changée en affection, ce changement s'est opéré plutôt pour ce qui regarde l'histoire de l'Etat que pour l'histoire de la littérature, et les travaux qu'on a entrepris sur celle-ci n'ont été que des essais isolés, de sorte qu'on peut, par rapport à l'ensemble, se plaindre avec raison de manquer de travaux déjà faits.

Enfin l'histoire de la philosophie moderne présente un champ mieux connu ; mais il y a ici un autre genre de difficulté. Ce champ nous est mieux connu ; mais pourquoi ? Parce qu'en partie nous vivons encore au milieu des mouvements qui ont dirigé son développement. Aussi, il faut ici les plus grandes précautions pour que la partialité ne nous fasse pas méconnaître la valeur des faits. Plus nous prenons part aux développements des temps modernes, plus il est difficile de tenir son jugement libre de tout amour et de toute haine. Il est vrai que pour nous, Allemands, la philosophie a pris depuis Kant une direction nouvelle, et les mouvements précédents ne paraissent plus nous toucher en rien ; mais en dehors de l'Allemagne, en France et en Angleterre, continue encore le mouvement imprimé par Bacon, Locke, Schaftersbury, Condillac ; et qui nous assure que nous resterons juges impartiaux de la tendance philosophique de chacune de ces trois nations ? Même en Allemagne, il y a des partis qui ont leurs racines dans les temps antérieurs. L'ancienne lutte entre les partisans de Spinosa et ceux de Leibnitz n'est pas terminée ; et si l'on considère le rapport de la philosophie à la religion, on ne niera pas qu'il ne règne sur ce sujet des opinions fort divergentes qui n'ont pas toutes leur origine dans le développement kantien.

Telles sont quelques-unes des difficultés que rencontre celui qui veut aborder l'histoire de la philosophie chrétienne. Pour les surmonter autant qu'il m'est possible de le faire, il m'a semblé utile d'esquisser une vue générale de la philosophie chrétienne, et c'est ce travail que je publie ici.

———

NOTE II.

DE L'ACTION DE LA RELIGION SUR LA PHILOSOPHIE.

L'action que la religion exerce sur la philosophie est assez nettement indiquée dans le passage auquel se rapporte cette note, pour que toute explication sur ce point fût superflue, si les idées que suppose la théorie de M. Ritter étaient généralement connues parmi nous. Mais, comme en France on est peu au courant des travaux des philosophes et des théologiens allemands sur les questions religieuses, il est d'autant plus nécessaire d'entrer dans quelques considérations pour faire bien comprendre dans quel sens il est parlé ici d'une action de la religion sur la philosophie, que cette idée est, pour ainsi dire, la base sur laquelle s'appuie tout le reste de l'ouvrage dont nous donnons la traduction. Nous serons aussi bref qu'il nous sera possible ; nous voudrions surtout être clair dans ce difficile sujet.

Il faut distinguer dans chaque homme ce par quoi il appartient au genre d'êtres désignés sous le nom d'homme, et ce par quoi il est une ersonne particulière, un individu[1] ; et, comme chaque être a con-

---

[1] Tout être a ce double caractère ; aussi tout être doit-il être défini par genre prochain et par différence spécifique : par genre prochain, pour faire connaître à que genre d'êtres il appartient, et par différence spécifique, pour marquer ce qui, dans ce genre, le particularise, le distingue et en fait tel individu déterminé.

science de tout ce qui le constitue, tout homme a à la fois conscience de ce par quoi il est un individu, et de ce par quoi il appartient au genre humain; mais la conscience de l'un de ces ordres de faits n'est pas la même que la conscience de l'autre. En effet, les développements de ce qui dans chaque homme appartient à l'être humain s'effectuent nécessairement dans tous les hommes de la même manière, puisque ce par quoi une âme humaine est une âme humaine est absolument semblable dans toutes les âmes humaines. Il en est autrement de ce par quoi chaque homme est une individualité, une personnalité distincte : ces développements, particuliers à celui en qui ils ont lieu, ne valent que pour lui, tandis que les développements de ce par quoi il appartient à l'être humain ont une valeur égale pour tous les hommes. Nous sommes, pour nous servir des expressions de Leibnitz, des miroirs de l'univers, mais chacun, selon son individualité, l'est d'une manière différente·

Quels sont en nous les développements du genre auquel nous appartenons, et quels sont ceux de notre propre individualité, c'est ce qu'il faut d'abord rechercher.

Tout ce qui dans l'activité humaine se produit avec le caractère d'une valeur égale pour tous les hommes doit rentrer dans les premiers, et tout ce qui n'a de valeur que pour celui qui l'éprouve doit faire partie des seconds. Ce qui se manifeste dans tous les hommes de la même manière, ce qui est d'une égale valeur pour tous, c'est le penser scientifique. Toute pensée scientifique, en effet, est pensée par un homme de la même manière que par un autre. La science est la même pour tous; son caractère essentiel est d'être impersonnelle; aussi elle est, comme dit M. Ritter, l'œuvre de l'humanité tout entière[1]. Quand, par le développement logique de la pensée, nous nous sommes assurés d'une vérité, nous sommes persuadés qu'il suffit de la faire comprendre à tous les hommes pour qu'ils l'admettent aussitôt, avec nous, comme une vérité; nous en sommes persuadés, parce que nous avons l'intime conviction que la pensée scientifique n'a rien de personnel, qu'elle est le patrimoine commun de tout le genre humain, et qu'elle suit dans tous les hommes les mêmes lois. On peut donc regarder la science comme le développement de ce par quoi chaque âme humaine est une âme humaine en général.

A côté de ces mouvements qui se produisent de la même manière chez tous les hommes, et qui sont susceptibles d'être également éprouvés par tous, nous avons conscience d'autres mouvements que nous regardons comme nous étant personnels, et que nous n'avons ni l'espérance ni la prétention de faire partager dans leur intégrité à tous les autres hommes: ces mouvements sont ce que nous appelons, dans notre langue, des sentiments, et ce qui est ici présenté comme les développements individuels du cœur. De gustibus non disputandum, dit un aphorisme qui est devenu proverbial, et si nous nions aux autres hommes le droit de nous imposer leurs affections, comme nous nous refusons à nous-mêmes

---

[1] RITTER, über die Principien der Æsthetik, p. 57.

le droit de leur imposer les nôtres, c'est que nous comprenons que les sentiments sont le résultat direct de l'individualité de chaque homme.

Ces deux espèces de développements de l'âme humaine, la science et le sentiment, sont cependant dans la plus étroite union ; il ne peut en être autrement, puisque chaque homme est à la fois un être humain et une personne particulière. Ils suivent, il est vrai, des lois différentes, les uns les lois de la pensée, lois qui sont les mêmes pour tous les hommes, et les autres les lois de la personnalité ; mais ces lois sont les unes par rapport aux autres comme le général au particulier, et les développements auxquels elles président doivent rester en harmonie. Platon vit d'après les lois de l'humanité et d'après celles de la personnalité de Platon ; et il ne peut développer les pensées humaines que dans la manière de sentir qui est propre à son individualité, et la manière de sentir qui est propre à son individualité que dans des pensées humaines.

On peut donc dire que les développements de notre cœur, c'est-à-dire de ce qui constitue notre individualité, et les développements de la science, développements qui ont une valeur égale pour tous les hommes, sont intimement unis, puisqu'ils ne sont les uns et les autres que des faces différentes du développement de l'âme humaine.

Après avoir ainsi établi l'existence de ces rapports intimes des deux ordres de développement de l'âme humaine, il faut chercher en quoi ils consistent, et, pour cela, il faut examiner de plus près la double manifestation que nous venons de constater en nous-mêmes.

On trouve dans l'homme deux classes de sentiments ; les uns sont attachés à notre personnalité physique, et les autres à notre personnalité spirituelle. Les premiers, qui sont le plaisir et la douleur, sont étrangers à l'ordre de considérations que nous poursuivons ici, nous les laissons de côté ; les seconds sont les seuls dont nous ayons à tenir compte pour notre but actuel. Ces mouvements de notre individualité spirituelle sont à leur tour au nombre de deux : ce sont les sentiments esthétiques et les sentiments religieux. Ceux-ci nous ramènent de la distraction produite en nous par la variété des choses phénoménales à la considération de l'unité première, source et cause de tout ce qui existe ; ceux-là nous rapportent au milieu des phénomènes variés du monde pour nous émouvoir à la vue de leurs harmonies[1]. Quelque différents qu'ils soient, ces deux espèces de sentiments sont dans une étroite union : il y a dans l'aspiration vers l'infini quelque amour pour le beau, et dans le sentiment du beau quelque aspiration vers l'infini[2].

De même qu'il y a pour l'âme humaine deux espèces de sentiments, il y a deux espèces de connaissances, et chacune de ces deux espèces de connaissances correspond à une des deux espèces de sentiments. Au sentiment esthétique, qui, comme nous l'avons dit, nous met en présence des phénomènes, et qui ne peut d'ailleurs s'exprimer au dehors que par le moyen des choses phénoménales, répond la connais-

---

1 RITTER, *Princip. der Æsthet.*, p. 96-99.

2 Sur les rapports de l'art et de la religion, voir *Princip. der Æsthet.*, p. 89 et suiv.

sance empirique, c'est-à-dire la connaissance qui, acquise par l'intermédiaire des sens, porte sur les phénomènes variés du monde, et qui ne cesse pas d'être empirique, quoique ses données premières soient soumises à un travail de l'entendement, puisque, sous quelque forme qu'on puisse la présenter, elle ne se rapporte jamais qu'aux phénomènes, partant d'eux et revenant à eux. Au sentiment religieux, qui tend toujours à l'infini, à la cause générale et première de toutes les choses, et qui, quand il s'exprime dans le sensible, ne le fait jamais que d'une manière symbolique, répond la connaissance spéculative et philosophique, c'est-à-dire la connaissance qui se propose pour but l'absolu, le divin.

On voit, d'après ce que nous venons d'établir, que les développements de l'imagination productive ou du sentiment esthétique ont ceci de commun avec les développements des sciences historiques ou empiriques, de porter les uns et les autres sur les phénomènes, et que les développements du sentiment religieux ont, de leur côté, ceci de commun avec les développements de la philosophie, de porter les uns et les autres sur les causes des phénomènes. Il y a donc un rapport, et un rapport semblable, entre le sentiment du beau et les sciences empiriques, et entre le sentiment religieux et la philosophie.

Faisant maintenant un pas de plus dans notre recherche, nous disons que le sentiment esthétique exerce une certaine influence sur les développements de la connaissance du monde phénoménal, et le sentiment religieux une action analogue sur les développements de la connaissance philosophique de la cause des phénomènes.

C'est un fait reconnu que ni les individus, ni les peuples ne débutent dans leurs développements par la connaissance scientifique, mais qu'ils commencent par l'imagination et le sentiment religieux. Dans l'individu, comme chez les peuples, la poésie précède la prose; l'art et la religion, la science; le mouvement spontané et individuel du cœur, le mouvement réfléchi de la pensée. Comment pourrait-il en être autrement? Pour que la réflexion se produise, il faut nécessairement déjà quelque chose à quoi elle puisse s'appliquer. La réflexion suppose un antécédent, et cet antécédent ne peut être qu'une donnée du sentiment, qu'un produit du mouvement du cœur[1]. Il suit évidemment de là que les sentiments individuels du cœur exercent une action sur les connaissances, et chacun sur l'espèce de connaissance qui lui correspond: le sentiment religieux sur la philosophie, et le sentiment esthétique sur les sciences empiriques. La philosophie, quand elle se produit dans un homme ou au milieu d'un peuple, est nécessairement déterminée par les sentiments religieux qui dominent dans cet homme ou chez ce peuple : elle suivra la direction qu'ils ont déjà eux-mêmes; elle sera forte et active en proportion de leur force et de leur activité; sa nature sera analogue à leur nature, et son développement se fera dans la limite

---

[1] Nous pourrions donner plusieurs autres raisons pour prouver que, dans l'ordre chronologique, le sentiment précède la science; nous avons cru qu'il suffisait de rappeler ici celle qui a déjà été présentée dans la philosophie française.

de leurs développements. Ce que nous disons de l'action du sentiment religieux sur la philosophie s'applique également à l'action du sentiment du beau sur les sciences empiriques.

Il est vrai que quand les sciences empiriques ont atteint un certain degré de développement, et qu'elles ont acquis par cela même ce que nous pouvons appeler une existence propre et indépendante, elles se dérobent en grande partie à cette influence du sentiment esthétique. Aussi, si on ne les considérait qu'à ce moment, on aurait peut-être quelque difficulté à constater cette action ; mais, en les prenant à leur origine, c'est-à-dire au moment où se montre le mieux la dérivation des choses les unes des autres, on peut se convaincre aisément que la manière dont les beaux-arts se développent détermine la manière dont les sciences se forment. Ne sait-on pas que la poésie est la mère de l'histoire ? Hérodote nous en est un irrécusable témoin. La physique antérieure à Socrate n'a-t-elle pas ses racines dans les cosmogonies des anciens poëtes grecs ? Mais il y a plus : même quand les sciences empiriques sont parvenues à leur maturité, elles restent encore sous l'action des sentiments esthétiques. Qui pourrait nier que la manière dont l'histoire est comprise et écrite de nos jours ne dérive en grande partie du caractère particulier de la poésie moderne ? Et, si les sciences naturelles sont principalement étudiées au point de vue de leurs analogies, et sont poussées vers un point central et commun où il semble qu'on aspire à les fondre dans une seule et même science, ne doivent-elles pas cette tendance pour le moins autant à la manière dont se développent actuellement les beaux-arts qu'à la philosophie, à laquelle seule on est disposé d'en faire honneur ?

L'action du sentiment religieux sur la philosophie est encore plus sensible. Quiconque examinera avec soin ces deux espèces de développements de l'âme humaine en regard les uns des autres, ne pourra s'empêcher de reconnaître que c'est précisément sous l'influence d'un sentiment religieux que la philosophie naît et se développe. Que la philosophie ne naisse que sous l'action du sentiment religieux, c'est ce que prouvent les faits et l'analyse de la conscience humaine. Là, en effet, où il n'y a pas une puissante aspiration vers l'infini, il n'y a pas de philosophie ; partout et toujours l'amour du divin a précédé et excité la connaissance philosophique ; c'est un fait bien connu que la philosophie a pris naissance dans les sanctuaires, chez tous les peuples où elle a eu une vie propre. L'analyse de la conscience humaine nous conduit au même résultat. Le sentiment religieux, quand il est réel et vivant, cherche naturellement à se comprendre lui-même, et comme il ne peut le faire que d'après les lois de la pensée, il conduit nécessairement à une philosophie. Ajoutons que la philosophie, de son côté, contrairement à l'opinion erronée de ceux qui prétendent qu'elle n'a rien de commun avec la religion, ou même qu'elle lui est hostile, éprouve le besoin de sentir dans la vie individuelle, dans le cœur, ce qu'elle établit d'après les lois de la pensée ; et c'est par ce principe fécond qu'il faut résoudre la question, qui a tant préoccupé les philosophes et les théologiens, de la conformité de la raison et de la foi.

La philosophie ne doit pas seulement sa naissance au sentiment religieux, elle lui doit encore son développement. Il y a en effet dans un sentiment religieux profond une excitation constante à une recherche scientifique du divin, et l'histoire prouve que la philosophie tombe et s'affaiblit dans la même proportion que ce sentiment. Ce n'est d'ailleurs que ce que l'on sent au fond de son cœur pour le suprasensible que la science spéculative a pour affaire d'établir, de prouver et d'expliquer. Elle n'a été à chaque époque que l'application de l'intelligence à la foi religieuse qui remplissait alors les cœurs.

Une foule de considérations se présenteraient ici, soit pour fortifier cette théorie, soit pour la développer, soit encore pour en tirer d'importants résultats. Celles que nous venons de présenter suffisent à la rigueur pour prouver que le sentiment religieux exerce une influence décisive sur la marche de la philosophie; c'est là tout ce que nous nous proposions ici d'expliquer. Bien des points resteront peut-être encore obscurs; il règne en France une si profonde ignorance sur les questions religieuses, qu'il faut presque désespérer de bien faire comprendre tout ce qui tient à elles par quelque côté. Il faudrait ici, pour se faire une idée nette de la théorie dont nous venons d'esquisser les traits principaux, que l'on sût bien quels sont les rapports du sentiment religieux et de la religion positive, de la religion et de la théologie, du christianisme en soi et des différentes formes plus ou moins imparfaites sous lesquelles il a été compris, exposé et professé. Cette connaissance serait même indispensable pour l'intelligence complète du traité dont nous donnons la traduction. Nous ne pouvons, pour le moment, que renvoyer nos lecteurs aux ouvrages dans lesquels ces diverses questions sont discutées, et entre autres aux discours de Schleiermacher sur la religion (*Die Reden über die Religion*, principalement au second et au troisième discours), au livre de De Wette sur la religion et la théologie (*Religion und Theologie*), et au remarquable écrit de M. Bruch, *Etudes philosophiques sur le Christianisme.*

———

NOTE III.

DE LA PHILOSOPHIE GRECQUE, CONSIDÉRÉE COMME PRÉPARATION DU CHRISTIANISME.

Le christianisme, à son apparition dans le monde, trouva les esprits préparés, jusqu'à un certain point, à le recevoir; c'est un fait que nous ne croyons pas avoir besoin d'établir, et qui d'ailleurs est suffisamment prouvé dans le passage auquel se rapporte cette note. Mais il se présente ici cette question : En quoi consista cette préparation dans le monde païen?

La philosophie grecque, en repoussant de plus en plus le dualisme populaire et traditionnel du paganisme, tendait à l'idée d'une unité divine, créant et gouvernant tout par sa volonté, et dirigeant la marche des choses vers le bien définitif de ses créatures. Il est vrai que cette idée fut plutôt entrevue qu'établie dans son entier d'une manière claire et scientifique; mais, en outre que, même sous cette forme, elle était déjà une préparation au christianisme, il faut remarquer qu'elle parvint à s'exprimer, quoique toujours imparfaitement, dans plusieurs traits de détail qu'on n'eut besoin que d'étendre et de généraliser pour arriver à la religion nouvelle. Ainsi, la délivrance que Platon promet à l'âme du sage est incomplète; elle est limitée à une seule classe d'hommes. Mais cette doctrine ne dut-elle pas pousser celui qui l'admettait à accepter une religion qui annonçait la délivrance entière et universelle, et qui présentait dans son ensemble l'idée dont la philosophie grecque n'avait entrevu qu'une faible partie?

L'histoire nous apprend que la philosophie socratique fut en effet une véritable préparation au christianisme, en nous montrant un grand nombre de Pères de l'Eglise, Clément, Justin, Augustin, etc., conduits à la religion chrétienne par le platonisme. On ne saurait s'étonner de ce résultat, quand on considère l'esprit profondément religieux de Platon, l'élévation de ses idées morales, et quelques-unes de ses doctrines, qui semblent des pressentiments des doctrines chrétiennes. A côté de Platon, il faut placer le stoïcisme. Dans son opposition à la théologie ancienne et à la manière de penser propre à l'antiquité païenne, l'école stoïcienne arriva plus près que les autres écoles de l'idée de l'unité, soit en religion, soit en politique, d'un côté en enlevant autant que possible la séparation que les anciens admettaient entre Dieu et le monde, et, de l'autre, en considérant comme destinées à former un seul tout les diverses parties de l'humanité. Ajoutons qu'elle éleva assez haut le sentiment de la dignité humaine. Le platonisme et le stoïcisme, les deux philosophies les plus répandues dans les siècles qui furent témoins de la naissance et de la propagation du christianisme, étaient également propres à servir de transition aux idées chrétiennes. M. Baur est d'un autre avis. Il pense qu'il faut attribuer cette préparation principalement au scepticisme qui se fit jour à peu près dans les temps qui précédèrent immédiatement la venue de Jésus-Christ. Le scepticisme, selon lui, en brisant les liens qui rattachent la conscience humaine au monde et à Dieu, fit naître les besoins poignants qui se montrèrent avec tant de vivacité dans les premiers siècles de notre ère. L'homme, au milieu de l'isolement dans lequel le jeta l'incrédulité, dut soupirer après sa réconciliation avec Dieu et avec le monde, et se trouva disposé, par le sentiment de désespoir, à adopter la foi nouvelle.

On ne peut pas nier que quelques âmes n'aient été amenées au christianisme par cette crise; mais ce ne furent là que de rares exceptions. L'incrédulité conduit plutôt à la superstition qu'à une foi raisonnable [1].

1 NÉANDER, *Histoire de l'Eglise*, t. 1, p. 18.

et si l'on voit quelques hommes passer par le scepticisme pour arriver au christianisme, l'histoire nous en montre un beaucoup plus grand nombre qui allèrent de l'incrédulité aux sectes bizarres, si nombreuses à cette époque, ou même qui allièrent le doute aux rêveries théosophiques les plus étranges. Dans tous les cas, cette préparation aurait été simplement négative. Il nous semble, au contraire, qu'il y a eu une préparation positive dans les doctrines de la philosophie ancienne. C'est ce que cherche à prouver M. Ritter dans sa réponse aux observations de M. Baur. Les considérations qu'il présente à cette occasion nous ont paru être ici à leur place.

(Extrait des *Theolog. Stud. und Kritik.*, 1847, p. 591-593.)

J'en appelle au stoïcisme, qui, deux siècles avant et deux siècles après la naissance du christianisme, fut la doctrine dominante parmi les Grecs et les Romains. Cette école, qui réforma les idées théologiques du paganisme, sut accommoder ses idées aux besoins des temps postérieurs, poussa ceux qui lui appartinrent à une étude plus profonde de l'esprit, et donna à la conscience morale une tendance générale aussi bien qu'une couleur plus marquée, cette école a fait beaucoup plus pour la préparation des âmes au christianisme que les maigres idées des sceptiques. On rencontre les doctrines stoïciennes partout, dans Philon, dans les gnostiques, dans les Pères de l'Eglise jusqu'à Origène inclusivement, tandis qu'il règne un profond silence sur les lieux communs du scepticisme.

L'influence exercée par les stoïciens pour la préparation de la manière de penser, propre au christianisme, a été une action positive; Baur, au contraire, ne veut voir dans l'ancienne philosophie qu'une préparation négative; mais en cela il se trompe, car même de son point de vue, on peut lui prouver que des écoles grecques est sortie une impulsion positive qui a poussé les esprits vers la nouvelle manière de penser.

Baur remarque avec raison que le judaïsme et le paganisme favorisaient le particularisme, et que ce n'est que le christianisme qui le premier s'est élevé à l'universalisme et a pu se répandre comme la religion absolue. Mais il aurait pu remarquer que déjà le stoïcien Zénon professa des sentiments cosmopolites et se dégagea du particularisme, en admettant la domination égale d'un Dieu sur tous les peuples. Il aurait pu remarquer encore que Philon et Plutarque s'appuient sur Zénon et partagent ses sentiments.

Quand Baur dépeint comment dans le monde ancien, par suite de la décadence de la vie publique, de l'anéantissement de la nationalité et de l'individualité, et par l'effet de l'incrédulité, de l'immoralité et de l'injustice qui se montrèrent dans les temps qui virent naître le christianisme, l'esprit se replia de plus en plus en lui-même, pour se rajeunir et se raviver par ce retour intérieur, il peut sans doute considérer le scepticisme dans son sens le plus général comme le produit d'un état de désespoir; mais il n'aurait pas dû oublier que le côté positif de ce retour en soi-même a été exprimé avec le plus de puissance et avec la conscience la plus entière par les nouveaux stoïciens, tels que Musonius, Epictète, Marc Aurèle.

On se convaincra de l'extrême insuffisance de cette explication prise du côté négatif du scepticisme, si l'on se demande quelles ont été les causes qui ont introduit dans le monde ancien le désespoir dont Baur fait le tableau. Le bien et le beau n'avaient pas, à l'époque que le christianisme vint consoler le monde, aussi complétement disparu qu'il le prétend. Les arts, les sciences, la vie publique, jetaient encore quelque éclat; le droit privé ne fut fondé sur ses véritables bases que dans ces temps; on aurait pu encore s'en tenir à la jouissance que procurent ces biens. Ce fut moins de l'absence d'un besoin moral que de la conscience qu'on en avait, et du sentiment de l'impuissance à le satisfaire, que se forma ce désespoir qui s'empara des âmes. Trouve-t-on chez les sceptiques quelque trace bien marquée de la conscience de ce besoin? Ce n'est certainement pas dans Sextus Empiricus. Ce philosophe aurait plutôt poussé l'homme à se borner à la pauvre satisfaction de ses besoins sensibles, et à s'en tenir à ce que lui offrait le monde phénoménal, comme au meilleur remède pour ses maux les plus pressants. On voit, au contraire, à cette époque de transition, les stoïciens pleins de la conscience la plus vivante des besoins spirituels dont l'homme doit chercher la satisfaction. Ce fut dans ce sentiment qu'ils se firent cet idéal du sage, dans lequel on a cru, non sans quelque raison, reconnaître un pressentiment du Christ, comme l'était chez les Juifs l'idée du Messie. Ils sont sur la voie de la réalisation de cet idéal, en nous ramenant dans les profondeurs de notre esprit pour nous y faire retrouver nous-mêmes, et en nous faisant voir en nous Dieu qui, élevé au-dessus de tous les coups du destin, vit dans la conscience et le conseil de sa providence. Certainement, s'il n'y avait pas eu dans le monde des pressentiments du Christ, le Christ ne serait pas venu dans le monde. Ce sont ces pressentiments qui préparèrent les païens à sa venue.

NOTE IV.

DU DUALISME DANS LA PHILOSOPHIE GRECQUE.

(Extrait des *Theolog. Stud. und Kritik.*, 1847, p. 599-602).

Le dualisme, dans le sens le plus étendu du mot, se trouve constamment dans la manière de penser des anciens. Il se produit même dans le judaïsme, non pas, il est vrai, dans la théorie, mais au point de vue pratique ; car le particularisme, qui appartient aux anciennes formes religieuses, suppose un dualisme pratique. Chez les Juifs l'opposition entre le peuple de Dieu et les païens en est l'expression. Le parsisme est la plus haute manifestation de ce dualisme, tandis que le polythéisme des Grecs le présente sous sa forme la plus adoucie. L'opposition fut en effet chez ces derniers d'autant moins tranchée, qu'elle s'étendit à un plus grand nombre d'objets. La science grecque participa à cet adoucissement ; d'ailleurs la science, par sa nature, recherche l'unité ; il n'est pas étonnant que la philosophie grecque ait tendu au monothéisme.

Il y a cependant en elle un reste de dualisme qu'elle ne put jamais faire disparaître, quoiqu'elle ait fait de continuels efforts pour s'en débarrasser autant que possible. C'est ce qu'on voit surtout dans les doctrines des anciens sur la matière. Pour juger ces doctrines, il faut toujours partir de ce point que l'idée qui chez les Grecs est à la base de ce dualisme, résultat de la notion qu'ils se faisaient de la matière, va à faire disparaître ce qu'il y a de prononcé dans le dualisme primitif. Celui-ci, en effet, en posant deux principes opposés en lutte, exprime une division complète. Mais il n'en est plus de même chez les Grecs dont l'âme artistique se représente l'opposition des deux principes de telle manière qu'il y a d'un côté une puissance spirituelle artistiquement formatrice, et de l'autre une matière seulement passive. Et la philosophie grecque, à mesure qu'elle se développa, tâcha de donner de plus en plus la domination au principe spirituel,

S'il était possible de concilier dans le fini les oppositions, au point de vue esthétique, point de vue qui domine chez les Grecs, nul doute qu'ils ne l'eussent fait. Leur idéal de l'esprit artistiquement formateur s'éleva toujours plus haut, tandis que la puissance de la matière s'affaiblissait pour eux en proportion. Platon et Aristote sont ceux qui ont fait le plus dans ce sens. Ils dépouillèrent la matière de toute qualité. Ils la représentèrent comme tout à fait soumise à la puissance formatrice de l'esprit. Ils en vinrent même à penser qu'elle n'est que le non-être. Il ne leur resta ainsi qu'un seul principe vrai, et l'autre principe, que ceux qui les avaient précédés et que l'opinion commune avaient supposé, disparut entre leurs mains, du moment qu'il ne représenta pour eux que le côté négatif dans l'œuvre de Dieu, dans l'édification de l'univers, théâtre de la manifestation de l'esprit formateur de Dieu.

On remarque bien encore des traces de dualisme dans la forme de cette doctrine; c'est même de lui qu'elle part; et elle pose en apparence deux principes. Mais en expliquant que l'un d'eux n'est que le non-être, la privation dans les choses, elle peut faire croire que son contenu, son idée, a vaincu cette forme, et que ce qui reste encore de dualisme ne tient qu'à la manière dont elle est exposée. Cependant, il ne disparaît pas par là complétement. Tant que règne la pensée que les œuvres de Dieu doivent porter en elles-mêmes une privation dans leur nature matérielle, que comme œuvres de l'art elles doivent rester au-dessous de l'artiste, qu'elles sont par conséquent soumises à une limitation nécessaire qui ne permet pas leur perfection, on est obligé de reconnaître une conséquence du dualisme, quelque peu souvent qu'on ait pu remarquer ces faits dans leur vrai jour.

Dans Platon, les pensées de cette nature furent si puissantes, qu'elles le conduisirent à regarder le degré le plus bas de l'existence matérielle dans les choses sensibles comme indigne d'être sorti immédiatement des mains de l'artiste divin, et qu'il tînt pour nécessaire de ramener leur origine à des êtres devenus dieux, aux âmes des astres[1].

Dans Aristote, cette pensée dualiste est exprimée d'une manière semblable. Ce philosophe fait dériver les mouvements irréguliers qui ont lieu dans le monde sublunaire, non pas immédiatement du moteur du ciel, mais des sphères célestes qui descendent peu à peu à une plus grande imperfection.

Pour ce qui est des stoïciens, on peut reconnaître à leur gloire qu'ils s'élevèrent au-dessus de la forme dualiste de la doctrine et qu'ils retournèrent, sans renoncer aux progrès de l'école socratique, au monothéisme qui, dès l'origine de la philosophie grecque, avait cherché à se dégager du polythéisme. Mais ils n'obtinrent la victoire sur la forme dualiste qu'en transportant la matière en Dieu

[1] Dans le *Timée*.

dans le monde, et ne pouvant le concilier avec la bonté divine, on pense qu'il est dérivé de quelque penchant des créatures au mal, penchant qu'elles ont nourri sans et même malgré la volonté de Dieu, voilà tout aussitôt des traces de dualisme ; on fournit par là l'occasion de se faire accuser d'admettre un double principe, savoir : Dieu et le penchant des créatures au mal, et les hégéliens vous compteront au nombre des dualistes. Celui encore qui, en partant des données précédentes, cherche à ramener le penchant mauvais des créatures à un penchant en Dieu, ne sera pas moins, dans la manière de faire de l'école hégélienne, considéré comme un dualiste, quelque intimement qu'il ait pu lier ce penchant avec l'unité divine, sous prétexte que sa doctrine pose en Dieu un double principe, l'un qui conduit au bien, l'autre qui mène au mal. De ce point de vue, les stoïciens et Leibnitz seraient aussi bien des dualistes qu'Anaxagore et que les manichéens. Faudrait-il même une grande habileté pour trouver le dualisme dans la doctrine hégélienne qui suppose en Dieu un penchant à se particulariser et à produire le monde matériel ?

Mais ces conséquences ne sont-elles pas rigoureuses ? — Je ne le conteste pas. Seulement, je voudrais qu'on mît plus de bienveillance dans les jugements qu'on porte. Quand la matière, comme dit Baur, ou comme je préférerais dire en étendant plus loin l'idée, quand le principe de la matière est posé en Dieu, ceux qui sont poussés à cette manière de voir reconnaissent une importante proposition de la science, proposition qui est méconnue et niée des dualistes, en prenant ce mot dans le sens que je lui donne, proposition qui veut que tout, de quelque nature qu'il puisse être, soit ramené à un principe pour pouvoir devenir l'objet d'une science. Et, sous ce rapport, cette doctrine est moniste. Si ensuite, dans ses développements, elle est conduite à des notions opposées qu'elle ne sait pas concilier avec l'unité de son principe, si de là elle veut tenter des explications qui introduisent la division dans cette unité, ce sont là des inconséquences et des restes de dualisme qui ne détruisent cependant pas son principe moniste. On ne doit pas qualifier un système d'après les résultats de semblables inconséquences, mais d'après son principe ; autrement on donnerait au même système les noms les plus opposés. Ce serait être injuste que de regarder comme dualistes ceux qui procèdent de la manière qui vient d'être décrite. Ce serait les accuser de ne pas savoir ce qui distingue le monisme du dualisme, et d'ignorer que tout doit être déduit d'un principe unique.

Il est vrai que ce n'est là qu'une connaissance très abstraite, et l'on peut dire qu'elle n'aurait que peu de valeur, si elle restait dans cette abstraction ; mais elle ne peut y rester, si dans un système il y a quelque vie. On reconnaît, au contraire, les conséquences du monisme dans plusieurs limitations de ce qui restait de dualisme, et on voit qu'elles se trouvent avec lui dans une lutte constante.

On en a une preuve remarquable dans la doctrine des valentiniens. Ces gnostiques idéalistes, voulant tenir éloignée de Dieu la notion de la matière, qui est pour eux le principe mauvais, n'admettent en Dieu aucun penchant vers elle ; ils ne se représentent la possibilité du mal qu'au moyen d'une longue série d'émanations, et ils ne déduisent la matière que du mal. Dans cette doctrine, la matière est regardée comme quelque chose de complétement nul, car elle ne consiste que dans une erreur des esprits, dans les passions qui en dérivent ; et elle disparaît devant la véritable connaissance de la loi qui relie les esprits inférieurs à Dieu. On ne peut méconnaître chez les valentiniens des restes de dualisme. Il se trouve dans leur théorie des émanations, théorie qui représente la chute hors du bien comme un développement naturel ; mais le principe de leur philosophie est moniste.

Baur accuse de dualisme aussi bien Origène que les valentiniens. Il reconnaît, il est vrai, que ce Père de l'Eglise a essayé de concilier l'opposition qui se trouve entre l'esprit et la matière : et c'est là ce qui, selon lui, le distingue des gnostiques ; mais il veut que sa théorie de la liberté des esprits soit purement dualiste. Quoiqu'on ne puisse nier qu'Origène considère la liberté des esprits comme dépendante de Dieu, comme un don divin, Baur prétend cependant qu'il la place, comme un second principe, à côté de Dieu. C'est de là que viendrait l'indécision bien connue de ce Père. Mais au lieu de voir dans cette indécision une marque que sa doctrine n'était pas un système pur, mais un système mixte, Baur affirme, pour appuyer son opinion, que, dans son indécision, Origène était plus porté à regarder la liberté des esprits comme tout à fait indépendante de Dieu. Baur va jusqu'à soutenir que la matière et le monde n'existent, d'après lui, que par la liberté des esprits, doctrine qu'on peut bien attribuer aux valentiniens, mais non à Origène qui refuse positivement aux esprits toute puissance créatrice et qui rapporte à Dieu la création de la matière et du monde sensible, non pas à cause de la liberté, mais uniquement à cause de la chute des esprits, chute qui s'est accomplie au moyen de leur liberté. Ainsi, Baur défigure la doctrine de ce Père, pour trouver en elle un prétendu dualisme. Il est vrai qu'on trouve des traces de dualisme dans cette doctrine ; et même elles se rattachent à sa théorie de la liberté. Elles consistent dans cette idée que la chute des esprits hors de Dieu, au moyen de leur liberté, est non-seulement possible, mais encore, en fait, nécessaire ; car toujours de nouveau, même quand ils sont retournés à leur principe premier, les esprits doivent tomber ; la chute est dans leur nature. Et cette nécessité se rattache à cette autre idée qu'il est nécessaire que le monde des esprits soit séparé de Dieu, ou encore à cette pensée, qui appartient du moins à cet ordre d'idées, que le λογος, le monde idéal, est inférieur à Dieu ; ce point de vue tient à son tour au penchant d'Origène pour la théorie des émanations qui représente toutes les effluves de Dieu comme lui étant inférieures. Les éléments dualistes sont venus dans ce Père de la théorie de l'émanation ; il se trouve là sur le même terrain que les gnostiques idéalistes. Cependant, en un point il s'élève au-dessus d'eux : c'est en rejetant la doctrine d'une série d'émanations, doctrine qui place Dieu à une très grande distance de nous. Tel est le progrès essentiel qui caractérise ce système dans ses rapports avec le gnosticisme idéaliste, et qui affaiblit ce qui reste de dualisme dans la théorie de l'émanation.

Le pas le plus important au-dessus de ce qui restait du dualisme ancien fut fait par les Pères grecs qui, depuis Athanase, formèrent la doctrine orthodoxe de la Trinité.

Voici ce qu'il y eut d'essentiel pour la philosophie dans la lutte d'Arius et d'Athanase. Arius, restant au point de vue ancien, croyait que rien de ce qui est dérivé de Dieu ne peut lui être égal ; il regardait, en conséquence, la révélation de Dieu dans le monde comme imparfaite, et, en cela, il était d'accord avec la théorie de l'émanation. Athanase, au contraire, prétendait qu'il y a une entière perfection dans la révélation de Dieu par son Fils, par conséquent dans sa révélation dans la création et la rédemption du monde. Il rejetait par là l'opinion contenue dans la théorie de l'émanation que chaque effluve de Dieu le Père est moindre que lui. Athanase se sert encore, il est vrai, de la formule de la théorie de l'émanation, formule qui fut, longtemps encore après, employée sans scrupule dans l'Eglise chrétienne, et qui même a pris place dans nos symboles ; mais il met de côté l'élément dualiste qu'elle contient, c'est-à-dire l'opinion que Dieu ne peut se révéler parfaitement, et qu'il se trouve ainsi limité dans sa révélation ou placé sous une nécessité privative comme sous un principe étranger. En cherchant à pénétrer dans le sens de sa doctrine, nous ne pouvons pas nous laisser arrêter par le fait que les formules dont il se sert rappellent la théorie de l'émanation plus que la manière dont Arius expose ses idées.

Mais si les éléments dualistes de la première philosophie chré-

tienne furent détruits au point de vue métaphysique par la doctrine
orthodoxe de la Trinité, ils persistèrent dans le point de vue éthique.
C'est ce qu'il faut bien considérer, si l'on veut porter un jugement
fondé sur le sens de la doctrine d'Augustin, et c'est précisément
ce que ne fait pas Baur. Il me blâme de n'avoir pas remarqué ce
qu'il y a de positif dans l'idée en apparence négative qu'Augustin
se fait du mal; cependant, j'ai fait ressortir ce point de vue, quoique pas tout à fait de la même manière que Baur, qui trouve là
occasion de l'accuser de dualisme. Il pense, en effet, pouvoir trouver ce dualisme dans l'idée de ce Père de l'Eglise que la volonté de
l'homme se détourne de Dieu ou du bien. Je ne puis m'arrêter à
cette manière de voir, parce que cette idée n'est qu'une négation
déguisée. En effet, se détourner de Dieu, c'est seulement ne pas se
tourner vers lui, c'est-à-dire c'est méconnaître que tout ce que nous
développons de nous-mêmes n'est qu'un don et une grâce de Dieu,
comme Augustin le savait très bien. Si Baur peut se contenter de
cette négation déguisée, c'est, ce semble, parce qu'il explique le
système de ce Père, du moins sous un côté, dans le sens hégélien.

Voici ce qu'il dit à ce sujet : « Le mal, dans sa notion négative,
est le principe de la naissance et du développement du monde. Le
monde, en tant que révélation de Dieu, ne peut représenter en soi
la perfection de l'essence divine qu'en ce qu'il contient dans son
infinité une infinité de parties. Le mal contribue donc lui-même à la
perfection et à la beauté de l'ensemble du monde, dont il est la condition essentielle, puisque la beauté et la perfection ne sont pas
possibles sans différents degrés de l'être, sans un plus et un moins,
sans un défaut dans la réalité. En poursuivant les conséquences de
cette notion négative du mal, on est forcé de prendre le mal moral
pour la négation du bien, et de le considérer comme nécessaire à
la perfection du monde. On trouve dans Augustin quelques traces
d'idées de ce genre. — Mais il n'est pas allé plus loin dans cette
voie, et sa notion du péché lui rend absolument impossible de considérer le mal moral seulement comme la négation du bien. »

Je ne veux pas affirmer qu'on ne puisse trouver dans Augustin
quelque chose d'analogue à l'idée que développe Baur; mais je suis
forcé de nier que ce soit là ce qu'il y a de décisif au fond de sa doctrine. Bien loin de penser que les choses particulières du monde
doivent, d'après la notion que nous nous en faisons, porter en soi
une négation, une privation, un mal, Augustin est d'autant plus
pénétré de la conviction chrétienne qui a développé en une idée
scientifique la doctrine de l'Esprit-Saint, qu'il a contribué lui-même
non pas seulement à la répandre, mais encore à l'établir sur des

9

bases plus profondes; conviction qui admet que les créatures raisonnables sont destinées, en étant animées de l'Esprit-Saint, à porter en elles-mêmes, sans défaut et sans partage, Christ et en lui Dieu, et à être des images parfaites de l'être tout-parfait. C'est en cela que consiste le progrès qui est dû à la doctrine de la Trinité, et qu'Augustin applique à la doctrine de la liberté et de la vie morale, en montrant que dans le sens des pélagiens il ne pouvait pas exister de véritable liberté, la liberté étant à la fois l'action de Dieu et l'œuvre de sa grâce.

Mais cette conviction d'Augustin et ses constants efforts à annoncer la toute-puissance de l'Esprit-Saint, rendent difficile à concevoir comment il put se décider à donner une limite au royaume de Dieu en lui opposant un royaume des damnés. Sa théorie de la liberté paraissait devoir tarir l'ancienne source du dualisme; mais ici, il s'en ouvrait une nouvelle.

Baur cherche l'explication de ce fait dans la haine d'Augustin pour le mal, sentiment qui l'aurait amené à séparer la grâce et la justice de Dieu comme deux principes opposés entre eux; et en conséquence, il voit dans le système de ce Père de l'Eglise une nouvelle forme du dualisme, forme qui place en Dieu lui-même les principes opposés.

Il y a encore ici de l'exagération. Dans un système moniste, il ne peut y avoir tout au plus que des restes et des traces de dualisme. De plus, il n'est pas juste de prétendre que pour ce Père la grâce et la justice soient en Dieu opposées l'une à l'autre sans terme moyen; Augustin ne voit dans ces deux attributs que des manifestations différentes de la bonté divine, qui doit nécessairement se comporter à l'égard du bien autrement qu'à l'égard du mal.

Mais Baur sent qu'en admettant que cette manière de penser d'Augustin dérive de sa haine pour le mal, il donne une explication trop purement psychologique, et il rapporte cette haine à une source bien connue, à l'action des idées manichéennes sur l'esprit de ce Père de l'Eglise. Pourquoi donc me reproche-t-il de voir dans les erreurs d'Augustin, sur ce point, une action de la manière de penser des païens? Il ne se refusera pas à reconnaître que le manichéisme est le produit d'une influence païenne. Par conséquent, on peut dire que je suis remonté à la cause la plus générale et la plus éloignée, tandis qu'il s'est tenu à la cause plus rapprochée et aussi plus particulière. N'ai-je pas eu de bonnes raisons de m'écarter de la manière de voir de Baur, manière de voir qui est la plus ordinaire? Il est incontestable qu'Augustin avait théoriquement derrière lui le manichéisme, quand il développait sa doctrine sur la prédestination absolue ; qui pourrait dire ce qu'il restait encore alors dans son âme des impressions qu'il avait reçues de ce système dans sa jeunesse ?

Essayons de nous rendre compte de ce qu'il y a ici de difficile à expliquer dans la manière de penser de ce Père, par la considération de causes plus générales et ayant leur raison dans la marche même de la culture de l'humanité. Augustin s'éleva au-dessus du manichéisme par l'idéalisme de l'école néoplatonicienne ; c'est par elle qu'il reçut les doctrines de la philosophie grecque, telles que Platon et Aristote les avaient formées. Il y trouva surtout deux points par lesquels il se convainquit que la toute-puissance de Dieu pouvait se concilier avec la nécessité du mal. Ces deux points étaient la doctrine de la justice de Dieu et celle de la beauté du monde. Ces deux doctrines avaient donné naissance aux préjugés du monde ancien, préjugés qui ne pouvaient être vaincus par le christianisme que peu à peu. On sait quel était le haut degré de considération des anciens pour la vertu de la justice. Elle ne pouvait être refusée à Dieu. Mais c'est une ancienne doctrine de la philosophie grecque, due en particulier à Platon et à Aristote, que la justice, dans la juste répartition des emplois et des dons, se dirige d'après le mérite de chacun. Cela suppose que le mérite de ceux entre lesquels elle est dispensée est différent. Augustin admet aussi la nécessité de cette différence, non-seulement entre les pierres et les plantes, les animaux et les hommes, mais encore entre ces derniers d'après le degré de leur valeur. Il la regarde comme nécessaire pour que Dieu puisse montrer sa justice dans ses dispensations.

A cette manière de voir viennent encore se rattacher les traces de dualisme, d'après lesquels il y a deux royaumes, celui des bons et celui des méchants, ou, comme la philosophie grecque le comprenait dans un système plus doux, l'ensemble des hommes capables de justice et propres à la vie politique, c'est-à-dire les Grecs, et l'ensemble de ceux qui n'ont pas de capacité pour la justice et la vie politique, c'est-à-dire les Barbares. Dans son ouvrage de la *Cité de Dieu,* ouvrage qui est le plus important de tous ceux qu'on lui doit, Augustin nous dépeint la lutte de la cité des justes contre celle des injustes ; et cette lutte qui doit se continuer jusqu'à la fin des choses, et qui a lieu sous la conduite même de Dieu, est soumise à un ordre, et a pour but de nous donner le spectacle de l'histoire du monde et de nous montrer d'un côté la manifestation de la grâce de Dieu et de l'autre la manifestation des arrêts de sa justice. Qui peut méconnaître que ces idées sont ici colorées d'un reflet de l'antiquité ? On ne peut s'empêcher d'arriver à la même conclusion, quand on voit Augustin faire dériver de la beauté du monde la nécessité du bien et du mal. C'est l'idée de la beauté qui est la plus fortement empreinte dans toutes ses théories de Dieu. Il ne cesse d'exalter sa beauté ; Dieu est ce qu'il y a de plus beau ; il est le fondement de toute beauté : aussi, dans sa révélation, il a tout arrangé avec ordre et mesure. C'est pour cela que dans le monde il doit y avoir des choses différentes, même des oppositions, parce que sans elles il n'y a rien de beau. Qu'on remarque que chez les anciens le bon et le beau sont identiques. Augustin est resté fidèle à cette ancienne manière de penser. C'est d'après elle qu'il veut que le bien soit mêlé au mal. Si tout était bon, tout serait uniforme et rien ne s'élèverait au-dessus du reste. On le voit insister sur les idées que la beauté d'un tableau doit être relevée par des ombres, qu'une petite faute peut produire une grande beauté, que la vertu, pour briller, exige la folie du vice. Ce sont là les arguments généraux par lesquels il se rend compte, non-seulement de la possibilité du mal, mais encore, en fait, de sa nécessité. Puis-je être dans l'erreur en croyant reconnaître ici une action de la manière de penser et de la philosophie des païens ?

La différence qui sépare mon opinion de celle de Baur, revient encore ici à ce fait qu'il ne relève que les motifs métaphysiques qui ont déterminé Augustin, tandis que je tiens compte des motifs éthiques.

(Comparez RITTER, *Histoire de la philosophie chrétienne,* tome II, pages 566-576.)

NOTE VI.

DE LA PHILOSOPHIE SCOLASTIQUE.

(Extrait des*Theolog. Stud. und Kritik.*, 1847, p. 634-642.)

Baur partage l'opinion de Tennemann et trouve avec lui le principe d'impulsion de la philosophie scolastique dans la lutte du nominalisme et du réalisme, tandis que, sans la regarder comme sans importance, je ne puis lui assigner qu'une valeur secondaire, par la raison qu'elle n'a joué un rôle décisif qu'au moment de la décadence des systèmes théologiques. Je vois dans la philosophie du moyen âge le développement d'un système théologique qui comprend

la vie religieuse dans une complète opposition avec la vie du monde.
Et en cela elle porte en elle-même le germe d'une inconciliable division qui, arrivée à son plus haut degré, s'efforça de séparer la sagesse divine de la sagesse humaine et amena par là la dissolution du
système.

J'ai montré par des faits évidents qu'avant le quatorzième siècle
le nominalisme ne fut qu'une apparition très insignifiante dans la
philosophie du moyen âge. Baur, au contraire, cherche à prouver
qu'il eut une très grande influence. Mais il tombe dans une complète
erreur sur les notions qu'on se faisait au moyen âge du réalisme et
du nominalisme. Il me reproche de m'être contredit en attribuant
une fois à Jean Scot une théorie idéaliste et en le représentant ailleurs comme un défenseur décidé du réalisme, comme si le réalisme
du moyen âge, affirmation de la vérité des idées générales, ne pouvait pas se concilier au mieux avec l'idéalisme. Baur confond ici le
réalisme de cette époque avec ce qu'on a appelé de ce nom dans les
temps modernes[1]. Pour défendre le prétendu nominalisme d'Abélard
qui, on ne peut le nier, professait le réalisme, il cherche s'il ne pourrait pas y avoir une forme de réalisme qui ne fût pas différente du
nominalisme, et il la trouve dans la théorie du général dans les choses particulières (*universalia in re*). Si cela était, où serait l'opposition entre les deux manières de voir? Le nominalisme repousse
précisément la vérité du général même dans les choses; elle n'existe
pour lui que dans l'entendement qui s'élève au général par l'abstraction; il n'admet de réel que le particulier. Aussi faut-il tenir pour
erronée l'affirmation de Baur que l'opposition entre le nominalisme
et le réalisme, quand on remonte plus haut, revient à la différence
entre la philosophie d'Aristote et celle de Platon. Les aristotéliciens,
qui soutenaient les *universalia in re,* ne sont pas moins réalistes
que les platoniciens qui admettaient les *universalia ante rem.* Les
nominalistes au contraire enseignaient qu'il n'y a que des *universalia post rem,* c'est-à-dire, que les idées générales ne naissent dans
l'entendement que *à posteriori,* après que les choses particulières,
d'abord existantes, ont par leur manifestation sensible conduit l'esprit à la formation des notions générales. Cette doctrine peut bien
se ramener à des propositions aristotéliciennes; mais nous ne sommes pas autorisés par là à l'attribuer à Aristote.

---

[1] Dans la terminologie allemande, on appelle réalistes tous les systèmes qui suivent
les tendances sensualiste et matérialiste. Pour le dire en passant, ce mot ne nous paraît
pas heureusement choisi; car, en l'opposant à l'idéalisme, on semble admettre qu'il
n'y a de réalité que dans les choses sensibles.　　　　(*Note du traducteur.*)

Ce que Baur dit à cette occasion de l'influence de la philosophie platonicienne et de l'aristotélicienne sur la théologie du moyen âge, est également erroné. Il partage l'ancienne opinion que les scolastiques connaissaient la philosophie d'Aristote, et il l'appuie sur la connaissance répandue à cette époque de Porphyre et de Boèce, sur les écrits d'Abélard et de Jean de Salisbury, comme aussi sur la méthode dialectique des scolastiques. « Tout ce qu'on a coutume, dit-il, de regarder comme appartenant à la méthode aristotélicienne, la définition, l'induction, le syllogisme, constitue essentiellement le procédé scientifique des scolastiques. Leur rapport à la philosophie d'Aristote est encore plus caractérisé par le fait d'être resté au point de vue de l'abstraction et de la réflexion logiques, que par leur accord avec les doctrines et les principes de la métaphysique aristotélicienne, que d'ailleurs on pourrait peut-être montrer dans leurs systèmes. »

Je ne veux pas répéter ce que j'ai dit ailleurs sur ce point[1]; je me bornerai à présenter quelques remarques sur ces preuves.

Elles portent toutes sur la parenté logique des scolastiques avec Aristote. En effet, dans Porphyre et Boèce, comme dans ceux des écrits d'Abélard dont il est ici question, et dans ceux de Jean de Salisbury, on ne trouve d'autre rapport avec Aristote que pour ce qui regarde la logique. Si c'est là l'important, pourquoi Baur s'efforce-t-il de montrer qu'Anselme, qui se sert de la même méthode, est platonicien ? Baur ne peut nier qu'il n'y ait eu plusieurs platoniciens pendant le moyen âge; tous se servent cependant de la même méthode. Il y a plus, Platon lui-même l'emploie; Socrate lui avait appris à faire usage de la définition et de l'induction, et il ne pouvait pas d'ailleurs se passer du syllogisme. On ne voudra pas peut-être pour cela faire de Platon un disciple d'Aristote. Nous nous servons encore tous de cette méthode. Ce que Baur appelle le point de vue de l'abstraction et de la réflexion logiques est aussi celui des travaux de presque tous les philosophes modernes.

Ce n'est donc pas à la logique qu'il faut s'arrêter, c'est à la métaphysique qu'il faut avoir égard, quand il s'agit de la différence des platoniciens et des aristotéliciens au moyen âge.

Baur, lui-même, ne peut s'empêcher de considérer la métaphysique, quand il explique cette différence. En parlant du platonisme de Jean Scot et de celui d'Anselme, il a égard aux notions métaphysiques. Il en est de même, quand il prétend que les vues fondamentales de Thomas d'Aquin sont platoniciennes.—Dans les deux pre-

[1] Dans le *Philologus* de Schneidevin, 1846.

miers cas il a raison, dans le troisième ses affirmations ont besoin
de grandes restrictions. Je relève particulièrement ce dernier cas,
pour rendre sensible le procédé arbitraire de Baur dans le jugement
qu'il porte sur les systèmes de cette époque. Il néglige entièrement
ce fait que partout dans la forme de sa doctrine, Thomas d'Aquin
se rattache à Aristote beaucoup plus que tous les scolastiques qui
lui sont antérieurs. Le principe fondamental de sa théorie, Baur le
trouve dans cette idée que Dieu est pensé comme l'être. Et quand
Thomas se représente Dieu comme acte, comme cause, comme créant
par sa volonté, Baur ne voit là qu'une contradiction avec son principe. Enfin, quand le philosophe scolastique fait de la non-éternité
du monde un article de foi, le critique hégélien découvre là une
preuve de ses principes platoniciens, quoique cette idée soit partout
appuyée sur la doctrine d'Aristote.

Il est encore un autre point sur lequel Baur combat mon opinion
sur la philosophie du moyen âge.

La différence qui distingue la philosophie des Pères de celle des
scolastiques, consiste, selon moi, en ce que la première est principalement polémique, et la seconde essentiellement systématique.
Baur m'oppose Origène et Augustin parmi les Pères, et Anselme
parmi les scolastiques. Mais Origène, qui flotte entre plusieurs idées,
n'est pas véritablement systématique ; et pour Augustin, ses idées
se sont développées surtout dans la lutte. Quant à Anselme, il est
vrai qu'il cherche à rattacher ses traités particuliers à un système
qu'à la fin de sa vie il songeait encore à arrondir. Mais des exceptions ne font pas la règle.

On ne peut le méconnaître, à l'époque des Pères de l'Eglise on se
défie des systèmes de l'ancienne philosophie, tout en s'appropriant
quelques-unes de ses doctrines [1]. On ne développe alors les dogmes
qu'en combattant les hérésies nées de la philosophie.

Le temps fit oublier ces défiances ; les peuples nouveaux éprou-
vèrent le besoin de ne pas laisser périr l'ancienne science des Grecs
et des Romains. Au moyen âge on était porté à s'opposer à certains
éléments contemporains ; mais on était plein de foi en l'antiquité ;
on sentait qu'on avait à apprendre auprès d'elle ; on se livrait à Platon, à Aristote, chaque fois que c'était possible. Ce dogmatisme, qui
s'empara des esprits avec une puissance croissante, devait développer
per l'esprit de système. Le sens de cette époque ne fut en général
ni sceptique, ni critique, ni polémique. Elle avait besoin de fortes

---

1 Le plus grand nombre des chrétiens redoutent la philosophie païenne, dit Clément
d'Alexandrie, comme les enfants ont peur des fantômes. *Stromat.*, VI, 659.

oppositions pour sortir de sa foi et pour passer à la science. Ces oppositions ne manquèrent pas, et il faut observer leur développement, si l'on veut saisir la marche de ces temps. Mais ce n'est pas dans la lutte du nominalisme et du réalisme qu'il faut les aller chercher.

Nous avons déjà vu l'élément dualiste dans la doctrine d'Augustin. Il le transmit au moyen âge, qui eut pour les idées de ce Père de l'Eglise une grande considération. Augustin avait déjà opposé le royaume des justes et celui des damnés, comme l'Eglise et le monde. Dans la lutte du pouvoir spirituel et du pouvoir temporel, lutte qui remplit le moyen âge, cette opposition dut devenir de plus en plus tranchée. La philosophie, qui était nourrie dans l'Eglise, ne vit le bien que dans ce qui servait la cause ecclésiastique. Comme elle était aussi au service de l'Eglise, on la loua de détourner de la voie mondaine et de porter les esprits à la contemplation. Mais c'étaient les païens qui, en philosophie, étaient les maîtres et les guides. Là se trouve la lutte cachée de ces temps, lutte qui poussa à de nouveaux développements.

D'abord on ne remarqua pas l'opposition qu'il y avait entre la philosophie et les doctrines de l'Eglise. On se livra sans scrupule aux théories de Platon. On prouva même que ce philosophe païen avait connu le Christ et le mystère de la Trinité, comme on peut le voir dans Jean Scot, Anselme, Abélard. Cette opinion pouvait être d'autant mieux acceptée que les Pères de l'Eglise avaient déjà entendu certaines théories platoniciennes dans un sens chrétien. Mais peu à peu la philosophie s'enhardit, et il éclata des difficultés entre elle et la théologie. On commença dès lors à la regarder comme dangereuse. Déjà au douzième siècle on voyait avec appréhension ses entreprises. Les craintes augmentèrent, quand le système aristotélicien, transmis par les Arabes, devint dominant. Les plus grands théologiens, quoique professant la philosophie d'Aristote, étaient disposés à rechercher avec soin ce qu'elle avait de contraire au christianisme et à mettre ces points de côté. Aussi, jamais au moyen âge la philosophie d'Aristote n'a trouvé un accès aussi facile que celle de Platon. Au commencement on crut devoir se borner à arranger la philosophie aristotélicienne, sans cesser d'avoir confiance en la philosophie en général. Albert le Grand est le représentant de ce point de vue. Mais plus tard, à mesure que l'autorité d'Aristote grandit, on remarqua davantage la différence qui se trouve entre les théories philosophiques et les vérités révélées. On pensa alors que la sagesse selon le monde ne peut pas découvrir ce qu'il faut croire, et la philosophie fut rejetée dans l'autre camp. Elle avait d'abord appartenu à la vie ecclésiastique; elle fut comptée alors au nombre des arts mondains.

Des changements de cette nature ne s'opèrent pas tout d'un coup. Pendant quelque temps encore on crut à l'utilité de la philosophie pour la découverte de la vérité. Témoins Thomas d'Aquin et Duns Scot, dont le premier donna plus d'importance à la connaissance et par suite à la philosophie, et le second plus à la volonté morale et par suite à la vie ecclésiastique. Mais dès qu'une fois eut prévalu l'opinion que tout ce qui appartient au monde n'est d'aucune utilité et n'est propre qu'à détourner du soin que l'Eglise fait prendre du salut, la philosophie dut perdre de sa valeur, ainsi que de sa considération ecclésiastique. C'est alors que parut le scepticisme des nominalistes qui voulaient enseigner que toute connaissance naturelle ne nous montre que le sensible et le néant, et que l'âme se perd dans les ténèbres du monde, tandis que l'entendement livré à la révélation peut seul nous éclairer. C'est là le point culminant de l'opposition entre l'ecclésiastique et le mondain par rapport à la science. Et ce fut là ce qui prépara le passage à une nouvelle époque.

———

NOTE VII.

DE L'ÉCOLE CARTÉSIENNE, PAR RAPPORT A LA TENDANCE THÉOLOGIQUE.

Le jugement porté sur l'école cartésienne dans l'écrit dont nous avons donné la traduction est trop opposé à la manière dont, en France, on apprécie Descartes, pour que nous ne croyions pas nécessaire de l'entourer de toutes les considérations sur lesquelles il peut s'appuyer. Nous traduisons, en conséquence, ici, les développements que M. Ritter donne à sa pensée sur ce sujet, dans sa réponse à M. Baur.

(Extrait des *Theolog. Stud. und Kritik.*, 1847, p. 614-620.)

Il est à peine nécessaire de prouver que la théologie de Descartes est extraordinairement pauvre. S'il crut devoir commencer par établir l'existence de Dieu pour réfuter ses doutes vagues sur la crédibilité de nos représentations; si à cette occasion il émit l'opinion que la connaissance la plus parfaite que nous puissions avoir de tout ce qui est doit reposer sur celle de Dieu, en tant qu'il est la cause première, il sortit tout aussitôt de cette voie en rappelant que

nous sommes finis, que, par conséquent, nous ne pouvons connaître l'infini, et que, pour tout ce qui dépasse notre raison, nous
devons nous en remettre à la révélation et arrêter notre pensée
devant toute recherche inutile de l'infini[1].

Qui ne reconnaît ici l'indifférentisme scientifique pour l'élément
théologique? Beaucoup d'autres propositions de Descartes le prouvent d'ailleurs assez. Il est ramené parfois par des doctrines étrangères, ou par ses propres réflexions, à des idées théologiques,
par exemple, à sa célèbre proposition que Dieu est l'unique substance dans le sens propre du mot. Mais tout cela reste sans résultat, parce qu'il ne poursuit pas plus loin ces idées. Si l'on excepte
la doctrine de la toute-perfection, qui lui sert pour sa preuve on-
tologique, et celle de la véracité divine, qui lui est utile pour réfuter
le scepticisme, je ne trouve qu'un seul point sur lequel il s'arrête
volontiers : c'est la doctrine que Dieu a mis dans le monde, en le
créant, la quantité entière de mouvement et l'a établie immuable-
ment pour tous les temps[2]. Cette exception confirme ce que j'ai
posé comme la règle. En effet, cette proposition, tout à fait arbitraire, Descartes ne l'emploie que parce qu'elle forme la base de
sa théorie mécanique de la nature, théorie qui est le véritable but
de sa philosophie et qui constitue même pour lui le véritable intérêt
de tous ses travaux scientifiques.

Cette manière de considérer les choses place Descartes sur la
même ligne que Hobbes, avec cette seule différence que le premier, moins conséquent que le second, ne prend pas les hommes,
mais seulement les bêtes pour des machines. Cette tendance mécanique de sa théorie de la nature fait du philosophe français le
digne précurseur des écrivains qui ont comparé l'homme, non-seulement à des plantes, mais encore à des machines, à des montres;
elle est le point de départ de l'athéisme moderne considéré dans son
côté dogmatique, puisqu'elle amena une théorie exclusive de la
nature, qui, à l'exemple de Descartes, se détourna de la recherche
des causes finales, et, par suite, sépara autant que possible la
physique de l'éthique.

Pour ce qui regarde Spinosa, il faut avouer qu'il a été la croix
des philosophes, et qu'il est encore aujourd'hui le tourment des
historiens. Semblable à sa vie, qui s'écoula presque tout entière
sans communication avec l'extérieur, sa philosophie est restée so-
litaire, sans avoir rien d'analogue dans son temps, presque incom-

[1] *De princip. philos.*, I, 24 et suiv.
[2] *De princip. philos.*, II, 36.

prise, et ne tenant que par de rares fils aux tendances de ses contemporains.

Quand on ne l'examine qu'en passant, on est plus porté à trouver en elle un excès qu'une absence de la tendance théologique. Il place en effet dans l'amour de Dieu toute vertu et tout bonheur, et dans la connaissance de Dieu toute connaissance véritable et adéquate. Il relève des doctrines que Descartes avait mises de côté comme stériles, quand il enseigne que Dieu est l'unique substance et l'unique cause, et que l'homme doit et peut tout connaître en Dieu. Cependant, celui qui cherche une théologie féconde et utile pour la vie est repoussé par son panthéisme, comme aussi par toutes les idées qui le rattachent à la philosophie de son temps. Si l'on considère que tout consiste dans l'étendue et la pensée, que l'étendue n'est qu'une suite de mouvements mécaniques dont le précédent est nécessairement la cause de celui qui le suit; si l'on se rappelle qu'il compare la chaîne des mouvements spirituels à la série mécanique du monde sensible, pour tirer de là la doctrine que notre volonté n'est pas libre; quand on le voit rejeter les causes finales, regarder les notions générales comme des produits erronés de l'imagination, et ramener les vertus de la société morale, qui forment l'Etat et l'Eglise, aux intérêts de l'amour de soi, on est forcé d'avouer que sa philosophie ne répond en aucune façon aux conditions essentielles de la vraie théologie. Les sentiments les plus profonds de son cœur ne savent se sauver des erreurs de sa doctrine qu'en niant le monde et qu'en plaçant la vertu dans le renoncement à l'action et dans la froide connaissance de Dieu.

Il se peut que Baur voie un progrès immense pour la théologie dans cette doctrine, qui repousse tout élément pratique pour se livrer tout entière à la spéculation; mais je ne puis partager ses vues, même en faisant abstraction de l'opposition de Spinosa à toute religion positive, opposition qui est l'avant-coureur des francs-penseurs, et qui lui valut de passer pour un athée.

Sur ce point comme sur d'autres, Leibnitz forme le contraste le plus complet avec Spinosa. Et ceci peut précisément attirer l'attention sur ce fait que, quand il s'agit de juger les philosophes du dix-septième siècle et du commencement du dix-huitième, on n'a presque pas à tenir compte de leur profession de foi théologique. Leur philosophie et leur religion sont deux choses qui n'ont rien de commun, parce que leur philosophie n'est pas théologique, et leur théologie n'est pas philosophique. On pourrait croire qu'il n'en a pas été ainsi pour Leibnitz. On sait en effet qu'il essaya de ramener la paix dans les affaires théologiques, et qu'il en appela pour cela à des principes philosophiques. Mais on s'aperçoit vite que ce fait n'a pas la portée qu'il offre au premier abord, si l'on tient compte de sa prodigieuse activité, qui le porta à s'occuper d'une foule de choses, et si l'on remarque que d'ordinaire il eut plutôt égard dans ce travail aux formules qu'à l'esprit de sa philosophie.

Quand on sait dégager le fond de sa doctrine de tous les appendices que son esprit constamment actif y a rattachés, et qu'on voit qu'il n'a exposé ses idées que dans des esquisses, on est étonné de trouver que sa philosophie touche peu au domaine théologique, et que ce qu'il enseigne de Dieu et de ses rapports au monde est mal lié, et, tout en offrant sans doute des traits spirituels, est peu élevé au point de vue scientifique. Quelle grande sagesse peut-il nous donner en considérant Dieu comme l'architecte du règne de la nature et le monarque du règne de la grâce, ou en nous proposant de le penser comme la monade des monades, c'est-à-dire la substance simple, mais renfermant cependant en soi une pluralité de substances simples, ou en en appelant à la pensée de Dieu pour pouvoir expliquer l'harmonie qui existe entre les monades, et qu'il se représente comme préétablie, ou quand, sur les traces de Thomas d'Aquin, il fait choisir Dieu, entre une foule de mondes possibles, celui qui est le meilleur, monde qui est encore imparfait, mais qui ne contient que la somme de maux la plus petite possible? Devons-nous regarder autrement que comme des traits jetés en passant ce qu'il dit des créatures, qui sont les fulgurations de Dieu, et du monde, qui est produit par un calcul de Dieu?

Si l'on veut pénétrer dans sa philosophie, on ne doit pas s'arrêter à ces idées, qui de ce côté ne se lient pas entre elles, et qui ne sont destinées qu'à préparer l'intelligence de ses théories ; il faut commencer par sa doctrine des substances simples et de leurs rapports. C'est là qu'il plaçait lui-même le centre de son système.

Que trouvons-nous donc ici comme caractéristique de sa philosophie?

Le but qu'il se propose est essentiellement de faire disparaître la confusion des phénomènes sensibles en les ramenant à ce qu'il y a de simple ; et il espère y réussir en résolvant tout en notions intelligibles. Par là disparaît la matière corporelle ; tout est ramené à des analogues de l'âme et de ses développements intérieurs; tout doit être connu au moyen des notions de l'entendement, notions qui sont innées et qui se développent dans l'âme. Ces notions innées, ces connaissances *à priori*, Leibnitz les trouve, avec ses contemporains, principalement dans les mathématiques. Là où l'on peut résoudre les phénomènes en idées de figure, de nombre et de mouvement, l'explication est toute trouvée. Il est rare de rencontrer dans Leibnitz, dont l'esprit brillant se joue à produire des couleurs variées, quelque discussion sur l'explication des phénomènes dans laquelle il n'en appelle pas aux mathématiques. Dans sa monadologie et dans la manière dont il explique l'union des substances, l'idée mathématique est toujours celle qui domine.

Toutes les monades se développent intérieurement en des mouvements qui, pour chacune d'elles, naissent de leur nature même; chaque mouvement en produit un autre, comme dans le monde des corps chaque mouvement est la conséquence mécanique nécessaire du précédent. La volonté n'est que la tendance d'un état de conscience à un autre : l'état précédent engendre celui qui le suit, et en est la raison suffisante, de même que les principes produisent nécessairement les conséquences; tout se lie ici, comme dans les mouvements compliqués d'une machine. Ce n'est que par là qu'on peut expliquer comment les substances, quoiqu'elles ne se développent qu'intérieurement et sans aucune action réciproque des unes sur les autres, restent dans une harmonie constante dès que l'on suppose qu'au premier moment de leur existence l'harmonie régnait entre elles. En effet, les conséquences, nécessaires dans leurs mouvements, de deux ou plusieurs machines doivent se correspondre, si leurs premiers états se correspondaient.

Si l'on se représente ces points principaux du système des monades et de l'harmonie préétablie, on ne pourra douter que Leibnitz n'appartienne à cette même manière de voir qui a dominé toute la philosophie moderne jusqu'à Kant, en tant qu'on la considère sous son point de vue dogmatique, point de vue qui consiste essentiellement à saisir tous les phénomènes comme soumis à des lois mécaniques, et à les expliquer mathématiquement. C'est pour cela que l'école de Leibnitz, comme celle de Descartes, voulait imposer à la philosophie la méthode mathématique. Une telle mécanique de la nature et de l'esprit peut-elle convenir à la théologie? C'est ce que chacun peut décider. Quiconque cherchera dans la religion autre chose qu'une théorie ne restera pas longtemps en suspens.

Si, après ces remarques, je considère encore cette philosophie, autant celle qui appartient à l'école cartésienne et leibnitzienne que celle qui s'est montrée dans l'école de Locke et de Condillac, comme un développement de l'esprit chrétien, c'est que, dans ma conviction, la formation de la philosophie, telle qu'elle s'était effectuée jusque-là, avait besoin d'être fortement ébranlée, soit dans sa tendance sceptique, soit dans sa tendance dogmatique. J'en trouve la raison dans l'histoire de la philosophie des Pères de l'Eglise et de celle du moyen âge : en particulier, d'un côté dans sa tendance théologique exclusive, et, d'un autre côté, dans le mélange de dualisme qui était passé en elle de l'ancienne philosophie. Il est facile de voir que toute la philosophie moderne s'est développée en opposition à cette tendance exclusive, et qu'elle a travaillé à écarter le dualisme par son explication mécanique de la nature, explication essentiellement opposée aux tendances semblables de la philosophie ancienne, et dans laquelle on cherche à tout ramener à un principe de mouvement. Quoiqu'on prît ce principe d'une manière abstraite, puisqu'on croyait, en définitive, le trouver dans la gravitation, il n'en fut pas moins un contre-poids au dualisme. Mais comme il n'était destiné qu'à expliquer la nature, il ne put qu'affaiblir et nullement faire disparaître tout à fait le dualisme, parce que ce dualisme trouve son point d'appui le plus solide dans l'opposition morale du bien et du mal.

NOTE VIII.

RÉSUMÉ ET IDÉE GÉNÉRALE DU DÉVELOPPEMENT HISTORIQUE DE LA PHILOSOPHIE CHRÉTIENNE.

M. Ritter termine sa réponse aux objections de M. Baur par quelques considérations générales sur la marche suivie par la philosophie chrétienne. Voici ce passage, qu'on peut regarder comme un résumé de ses vues sur l'histoire de la philosophie moderne.

(Extrait des *Theolog. Stud. und Kritik.*, 1847, p. 642 et 643.)

Dans ma manière de considérer les développements de la philosophie chrétienne dans les Pères de l'Eglise, dans les scolastiques et jusqu'à nous, ce qui regarde ses rapports au dualisme forme un plan très intelligible. Avant le développement du monothéisme dans toute sa sévérité et avec sa complète espérance de rédemption, le sentiment du mal devait être plus vif et les exigences idéales plus élevées. De ce sentiment du mal passèrent dans le christianisme les idées dualistes, même sous la forme grossière qu'on leur a vues longtemps dans les sectes manichéennes. Cependant ce dualisme grossier fut bientôt reconnu pour hérétique ; mais on ne repoussa pas aussitôt les restes de dualisme qui s'étaient glissés dans la théorie de l'émanation avec des idées polythéistes ; ils se conservèrent dans le système des valentiniens sous la forme la plus grossière, et dans la doctrine d'Origène sous une forme plus adoucie ; mais enfin ils furent détruits par la doctrine orthodoxe de la Trinité.

Mais cette victoire du monothéisme, au point de vue métaphysique, ne pouvait pas entièrement détruire le sentiment pratique qui était propre aux peuples de l'antiquité. Il s'était conservé d'autres restes de dualisme dans la doctrine des pélagiens, qui voulaient une liberté indépendante de Dieu. Ils furent vaincus par Augustin, mais d'une manière qui n'excluait pas l'opposition dans la prédétermination de Dieu. Cette opposition fut regardée comme nécessaire pour la justice de Dieu et la beauté du monde. De là il passa des restes de dualisme aux peuples modernes du moyen âge, au milieu desquels ils se montrèrent dans l'opposition tranchée entre la vie ecclésiastique et la vie du monde. Cette opposition devait durer. A son plus haut point, elle conduisit à regarder les sciences et l'art de l'antiquité, qu'il aurait fallu unir au christianisme, comme appartenant à la vie du monde, et par suite à les tenir, avec elle, pour vains et dangereux.

Les temps modernes ont eu pour affaire de réhabiliter le monde. Mais ils n'ont pas su garder la juste mesure : au lieu de le sanctifier en le fondant avec l'ecclésiastique, ils en ont fait leur idole. L'unité qu'ils cherchaient, ils ont cru la trouver dans la nature, et ils ont par là affaibli les idées de la raison. Depuis un demi-siècle nous sommes sortis de cette fausse voie ; mais nous sommes encore assez loin du point d'union du sensible et du spirituel, union que nous devons désirer autant dans la vie pratique que dans la science.

FIN DES NOTES.

TABLE DES MATIÈRES.

FIN DE LA TABLE.

www.ingramcontent.com/pod-product-compliance
Lightning Source LLC
Chambersburg PA
CBHW072109090426
42739CB00012B/2895